그림과 작동 원리로 쉽게 이해하는

AWS 구조와 서비스

AWS의 전체 구조와 기술이 한눈에 들어오는
아마존 웹 서비스 핵심 가이드

그림과 작동 원리로 쉽게 이해하는

AWS 구조와 서비스

AWS의 전체 구조와 기술이 한눈에 들어오는
아마존 웹 서비스 핵심 가이드

지은이 우에노 후미아키, 코바야시 쿄헤이, 오자와 코스케, 다카나시 토모유키

옮긴이 양현, 김민호

펴낸이 박찬규 엮은이 전이주 디자인 북누리 표지디자인 Arowa & Arowana
펴낸곳 위키북스 전화 031-955-3658, 3659 팩스 031-955-3660

주소 경기도 파주시 문발로 115 세종출판벤처타운 311호

가격 20,000 페이지 268 책규격 175 x 235mm

1쇄 발행 2023년 02월 15일
2쇄 발행 2023년 08월 30일
3쇄 발행 2024년 05월 31일
ISBN 979-11-5839-397-7 (93000)

등록번호 제406-2006-000036호 등록일자 2006년 05월 19일
홈페이지 wikibook.co.kr 전자우편 wikibook@wikibook.co.kr

그림과 작동 원리로 쉽게 이해하는

AWS 구조와 서비스

AWS의 전체 구조와 기술이 한눈에 들어오는
아마존 웹 서비스 핵심 가이드

우에노 후미아키, 코바야시 쿄헤이, 오자와 코스케, 다카나시 토모유키 지음
양현, 김민호 옮김

위키북스

책머리에

AWS(Amazon Web Services)나 각종 클라우드 서비스의 이용이 활발해지고 있어 클라우드의 활용은 비즈니스에 빼놓을 수 없게 됐다.

클라우드가 보유한 서비스나 기능의 종류도 다양해지고 있어서 그 모든 것을 이해하기는 어렵다. 예를 들어 AWS에는 현재 200개 이상의 서비스가 있고 계속 증가해 가고 있다. 신입 엔지니어나 비전공자가 클라우드 관련 대화에 나오는 단어의 의미를 몰라서 고생하기도 한다.

이 책은 그러한 분들을 위해 쓴 것이다.

많은 기업에서 사용되는 AWS에 대해 가능한 한 간단한 용어를 이용해 폭넓게 설명했다. AWS의 주요 서비스에 대해 서비스 이름을 들으면 기본 기능을 말할 수 있을 정도의 이해도를 목표로 설명했다. 그림도 최대한 사용해서 알기 쉽게 작성했다. 굳이 상세한 기능 설명에는 시간을 소모하지 않고 단시간에 폭넓게 AWS를 이해할 수 있는 내용으로 구성돼 있다.

클라우드를 활용하려면 IT의 기본 지식을 이해하고 클라우드 이전의 시스템 구축에 관해서도 알아야 한다. 그래서 이 책에서는 클라우드를 이해하기 위한 전제가 되는 지식에 대해서도 설명했다. 예를 들어 IP 주소나 CIDR 블록 등 이름은 들어본 적 있지만 정확히 모르는 분들도 있다. 클라우드를 공부하고 싶지만 IT의 기초 지식이 없어 배우기를 주저하는 분도 있다. 그런 모든 분에게 이 책이 도움이 되기를 바란다.

저자도 처음에는 한두 개 정도의 AWS 서비스부터 시작해 상세한 부분은 잘 모르는 상태로 학습을 시작했다. 잘 모르지만 화면을 조작하는 것만으로 서버가 만들어진다는 단순함에 감동했던 기억이 있다.

현재 여러분이 AWS에 대해 아무것도 몰라도 전혀 문제가 없다. 이 책을 계기로 AWS, 클라우드에 대해 더 많이 이해해 나갔으면 한다. 그리고 그중에서 관심이 가는 것을 더 깊게 공부해보기 바란다. 이해가 깊어지면 매일 진화하는 AWS의 변화나 새로운 서비스도 이해할 수 있게 되어 AWS에 대한 업데이트나 뉴스를 보는 것이 즐거워진다.

이해를 넓힌 독자 여러분이 비즈니스에서 클라우드를 활용해 다른 사람들에게 클라우드의 우수성을 널리 알렸으면 한다.

우에노 후미아키 上野 史瑛(うえの ふみあき)

NRI 넷콤 주식회사에서 AWS GCP를 중심으로 한 많은 클라우드 프로젝트를 담당하고 있다.

AWS 인증 시험 12개를 모두 취득했다. 업무 외에도 AWS에 대한 블로그 집필이나 강연을 하고 있다. 이런 활동을 인정받아 AWS에서 2020년/2021년 APN 앰버서더, APN AWS 최고 엔지니어, APN ALL AWS 인증 엔지니어에 선출됐다.

코바야시 쿄헤이 小林 恭平(こばやし きょうへい)

NRI 넷콤 주식회사에 입사한 후 앱 개발부터 시스템 기반 구축•운용 업무에 폭넓게 기여하고 있다. AWS를 기반으로 하는 여러 대규모 시스템의 운영과 개선을 담당하고 있다.

IPA의 정보처리 기술사 시험 13개, AWS 인증 시험 12개를 모두 취득했다. 2021년에는 APN AWS 최고 엔지니어, APN ALL AWS 인증 엔지니어에 선출됐다.

오자와 코스케 尾澤 公亮(おざわ こうすけ)

NRI 넷콤 주식회사에 입사한 후 기간 시스템 P2V나 AWS 마이그레이션 프로젝트를 진행하며 온프레미스•클라우드 양쪽에서의 개발 업무를 경험했으며, 웹 시스템과 컨테이너 기반 시스템의 설계, 개발, 운영 업무를 거쳐 현재는 AWS를 기반으로 하는 여러 시스템의 운영•개발을 담당하고 있다.

AWS 인증 시험은 어소시에이트, CLF, SAP를 취득했다.

다카나시 토모유키 高梨 友之(たかなし ともゆき)

NRI 넷콤 주식회사에 입사한 후 AWS 마이그레이션 프로젝트와 온프레미스 운영 등 클라우드•온프레미스를 불문하고 폭넓은 업무를 수행했다. 현재는 AWS를 기반으로 하는 웹 시스템 개발을 중심으로 많은 안건에서 개발과 운영을 담당하고 있다.

AWS 인증 시험은 SAA와 SAP를 취득했다.

Chapter
5

네트워크 및 콘텐츠 전송 서비스

Chapter 1

Amazon Web Service
기초 지식

우선 Amazon Web Service(AWS)를 이용하기 위해 알아둬야 할 지식을 소개한다. 클라우드 서비스란 무엇인지, AWS로 무엇을 할 수 있는지 알아본다.

01 AWS를 시작하기 위한 첫 걸음

키워드 ■ 클라우드 서비스 ■ 개방형 클라우드

대표적인 클라우드 서비스, Amazon Web Services

Amazon Web Services(이후 AWS)란 유명한 인터넷 쇼핑몰인 Amazon.com에서 운영하는 **클라우드 서비스**다. 인터넷 쇼핑몰, 온라인 게임, 사내 업무 시스템과 같이 어떠한 시스템을 구축하기 위해서는 컴퓨터와 데이터베이스와 같은 기능이 필요하다. 이런 기능을 인터넷을 통해 이용할 수 있게 해주는 서비스를 **클라우드 서비스**라고 한다.

AWS는 대표적인 클라우드 서비스 중 하나로 응용 프로그램을 실행하는 컴퓨팅, 데이터베이스, 스토리지, 모바일, IoT, 기계 학습 등 다양한 서비스를 제공한다. 사용자는 여기서 제공하는 서비스를 이용해 원하는 시스템을 구축할 수 있다.

그림 1-1 AWS는 대표적인 클라우드 서비스

점유율이 높은 AWS

AWS처럼 누구나 사용할 수 있는 클라우드를 **개방형 클라우드(Public Cloud)**라고 한다. AWS 외에 유명한 개방형 클라우드로는 구글에서 운영하는 **GCP(Google Cloud Platform)**와 마이크로소프트에서 운영하는 **Microsoft Azure**, 알리바바에서 운영하는 CloudLink가 있다. 미국의 정보 기술 연구 및 자문 회사인 가트너(Gartner)의 조사 결과에 따르면 개방형 클라우드의 시장 점유율은 AWS가 38%로 다른 클라우드 서비스보다 높다.

표 1-1 개방형 클라우드 매출 및 시장 점유율

회사	2021 매출 (백만 달러)	2021 점유율 (%)	2020 매출 (백만 달러)	2020 점유율 (%)	2020 - 2021 성장(%)
Amazon	35,380	38.9	26,201	40.8	35.0
Microsoft	19,153	21.1	12,659	19.7	51.3
Alibaba	8,679	9.5	6,117	9.5	41.9
Google	6,436	7.1	3,932	6.1	63.7
Huawei	4,190	4.6	2,681	4.2	56.3
Others	17,056	18.8	12,697	19.8	34.3
합계	90,894	100.0	64,286	100.0	41.4

(출처: https://www.gartner.com/en/newsroom/press-releases/2022-06-02-gartner-says-worldwide-iaas-public-cloud-services-market-grew-41-percent-in-2021)

※ Alibaba와 Huawei는 중국 기업이다.

AWS의 고객 성공 구축 사례 페이지에는 2022년 11월 현재 약 2,240건의 사례가 소개돼 있다. 이용 실적이 많은 만큼 참고가 되는 문서와 구축 사례가 많으며 학습용 콘텐츠도 풍부하므로 사용자가 스스로 AWS를 학습해 이해도를 높일 수 있다. AWS 사용자들이 모여서 만든 'AWSKRUG-AWS 한국 사용자 모임'이라는 그룹에서 스터디도 활발하게 이루어지고 있다. 이 책을 읽고 있는 독자들도 이 책을 계기로 AWS 학습을 적극적으로 진행했으면 한다.

▶ AWS 고객 성공 사례

　https://aws.amazon.com/ko/solutions/case-studies/

▶ AWSKRUG(AWS한국사용자모임)

　https://awskrug.github.io/

02 클라우드 용어 알아두기

키워드 ▪ 온프레미스 ▪ 개방형 클라우드 ▪ 폐쇄형 클라우드 ▪ SaaS ▪ PaaS ▪ IaaS

클라우드란 무엇인가

AWS를 알아보기 전에 '클라우드' 자체의 의미와 정보 시스템에 자주 사용되는 용어를 살펴보자.
이 섹션에서는 클라우드의 반대 의미로 사용되는 '온프레미스'와 관련된 기술 및 클라우드의 세
부 분류에 대한 용어를 설명한다.

온프레미스란

온프레미스(on-premise)란 사용자가 관리하는 시설 내에 서버 등의 기기를 설치해 운용하는
환경이다. AWS와 같은 클라우드 서비스가 등장하기 전까지는 정보 시스템을 구축하기 위해 다
음 그림과 같이 자체적으로 관련 기기를 준비하고 설정해야 했다. 이런 기기를 설치하고 운용하
는 시설을 일반적으로 **데이터 센터(Data Center)**라고 한다.

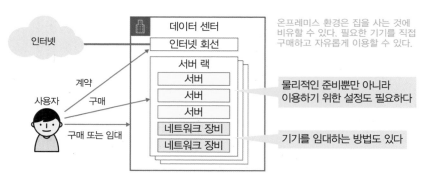

그림 1-2 직접 기기를 준비하고 설정해야 하는 온프레미스 환경

구매뿐만 아니라 물리적인 설치, 케이블 배선, 네트워크의 설정이 필요하지만 이러한 작업은
전문 업체에 위탁할 수 있다. 결과적으로 기기 구매비, 작업에 필요한 인건비 같은 초기 투자

비용이 커지고 설치나 설정에도 시간이 걸리므로 정보 시스템을 구축하기 위한 준비 기간이 길어진다.

그 대신 기기는 사용자가 자유롭게 이용할 수 있고 이용 형태에 맞게 자유롭게 구성할 수 있다. 초기 투자 비용은 많이 들지만, 이후에 들어가는 비용은 전기 요금과 인터넷 회선 이용 요금 정도이므로 전체 비용에서 운용 비용의 비율이 비교적 낮다[1]. 그러나 기기 고장 등 예측하지 못한 상황이 발생해 추가 비용이 발생하는 때도 있다.

클라우드란

클라우드(cloud)는 클라우드 서비스 제공자가 서버 등의 기기를 준비하고 거기에 구축된 가상 서버나 응용 프로그램 등을 사용자에게 제공하여 이용료를 받는 형태다. 물리적인 기기나 네트워크는 서비스 제공자가 준비해 놨으므로 사용자는 바로 정보 시스템을 구축할 수 있다.

클라우드의 정식 명칭은 **클라우드 컴퓨팅(cloud computing)**이다. 클라우드의 어원은 단어 뜻 그대로 구름이다. 보이지 않는 컴퓨팅 자원을 활용한다는 것에서 유래했다. 이 말을 조금 더 풀어 써보면 '사용자에게는 보이지 않지만 중앙의 서버 컴퓨팅 자원을 활용해 서비스를 받을 수 있게 하는 플랫폼'이다.

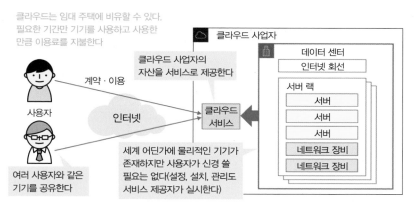

그림 1-3 클라우드 서비스 사업자가 기기를 준비하고 설정

---

1 (옮긴이) OS 라이선스 또는 지원 비용이 추가로 드는 경우도 있다. 레드햇(RedHat)의 경우 지원 비용으로 연간 상당한 금액을 지불해야 한다.

서비스 제공자는 서버나 응용 프로그램을 제공할 뿐만 아니라 내부의 모든 하드웨어를 관리하므로 사용자는 하드웨어 장애에 대해 신경 쓰지 않아도 된다.

하지만 사용자는 제공되는 서비스 범위 내에서만 시스템을 이용할 수 있으므로 시스템 구성 자유도는 낮다. 그리고 매월 각종 서비스 사용료를 지불해야 하므로 전체 비용이 커질 수 있다. 하지만 기기 노후화나 고장 걱정 없이 안정적으로 컴퓨팅 자원을 사용할 수 있다는 장점이 있다.

가상화

클라우드 서비스에서도 사용자는 서버를 임대해 사용한다. 사용자가 사용하고 싶은 사양으로 서버를 선택하면 **가상화** 기술을 이용해 해당 사양의 서버를 가상으로 생성해 사용한다. **가상 서버**는 하나 또는 클러스터링[2] 된 물리 서버 내에 만들어진다.

가상 서버는 물리 서버의 CPU나 메모리 같은 컴퓨터 자원을 일부 독점해 물리적으로 독립된 서버와 같이 동작한다.

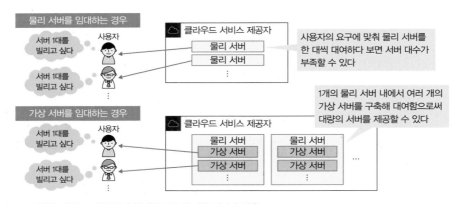

그림 1-4 가상화 기술로 1대의 물리 서버를 복수의 가상 서버가 사용

서버만 가상화 기술을 사용할 수 있는 것이 아니다. 스토리지나 네트워크 장비 등도 1대의 기기를 가상화 기술로 여러 기기처럼 취급할 수 있다. 기본적으로 가상화 기술을 통해 생성된 기기들을 '**가상 ○○**'라고 한다.

---

2   (옮긴이) Clustering(Computer Cluster): 여러 대의 컴퓨터가 연결돼 하나의 시스템처럼 동작하는 컴퓨터들의 집합을 말한다.

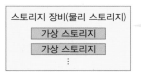

스토리지 장비(물리 스토리지)

가상 스토리지

가상 스토리지

…

하드 디스크나 SSD와 같은 스토리지, 네트워크 장비 등도 가상화 기술로 1개의 기기를 여러 기기처럼 동작시킬 수 있다. 이때 기기 자체를 '물리 ○○', 가상화 기술로 생성된 기기를 '가상 ○○'라고 한다.

그림 1-5 다양한 기기를 가상화

서버리스

클라우드 서비스에서는 **서버리스(serverless)**라는 단어를 자주 사용한다. 직역하면 '서버가 없다'라는 의미로 서비스가 이용될 때만 서버를 가동하는 방식을 가리켜 '서버리스 서비스'라고 한다.

클라우드 서비스는 보통 서버를 사용하는 시간만큼 요금이 발생하므로 요금이 부과되는 시간을 줄여 비용을 낮출 수 있다는 장점이 있다.

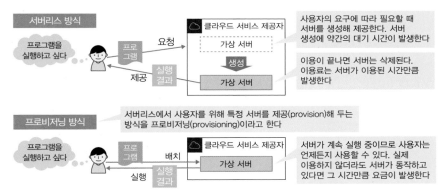

그림 1-6 서버리스는 이용할 때만 서버를 실행

개방형 클라우드와 폐쇄형 클라우드

클라우드 서비스는 사용 형태에 따라 **개방형 클라우드**와 **폐쇄형 클라우드**로 나눌 수 있다. 이 둘을 섞은 혼합형 클라우드(Hybrid Cloud)도 존재한다. 폐쇄형 클라우드는 기업 내부의 비밀을 유지하기 위해 외부에 공개하지 않도록 기업 내부에 구축하는 형태다. 반대로 개방형 클라우드 서비스는 모든 사람이 쓸 수 있게끔 공개된 형태다. AWS는 모든 사람이 사용할 수 있는 개방형 클라우드 서비스다.

좀 더 자세히 말하자면 AWS에는 전용 기기를 사용자에게 할당하는 베어메탈(Bare Metal)[3] 서비스, 가상으로 사용자의 점유 공간을 제공하는 VPC(Virtual Private Cloud) 서비스가 있는데, 이용이 끝나면 대여한 서버를 다른 사용자에게 다시 대여할 수 있으므로 개방형 클라우드다.

폐쇄형 클라우드는 온프레미스에 가깝다. 사용자는 시설 내부에 클라우드 컨테이너[4]를 두고 전용 클라우드 환경을 구축해서 사용한다.

하지만 VPC와 같은 가상 독점 공간에서도 보안을 충분히 확보할 수 있고 온프레미스에 가까운 형태인 폐쇄형 클라우드는 초기 투자 비용이 크기 때문에 현재는 개방형 클라우드를 선택하는 경우가 많다.

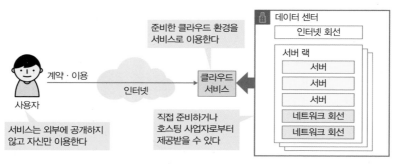

그림 1-7 폐쇄형 클라우드는 온프레미스와 가까운 형태

서비스 제공 형태에 따른 클라우드 분류

클라우드 서비스는 제공하는 서비스에 따라 **SaaS, PaaS, IaaS**로 나눌 수 있다.

SaaS(Software as a Service)는 응용 프로그램을 서비스로 제공하는 형태다. 많은 사람이 사용하는 Gmail, Dropbox, Office365, Zoom이 대표적인 SaaS다.

---

3 (옮긴이) 하드웨어상에 어떤 소프트웨어도 설치되어 있지 않은 상태
4 (옮긴이) 고사양의 서버로, 가상 머신을 다수 돌릴 수 있다.

SaaS(Software as a Service)가 그 자체로 응용 프로그램을 제공한다면 PaaS(Platform as a Service), IaaS(Infrastructure as a Service)는 응용 프로그램을 만들기 위한 기능을 서비스로 제공한다. 이 서비스는 직접 응용 프로그램을 개발하는 사용자를 위한 서비스로, 사용자는 제공받은 기능을 조합해 응용 프로그램을 개발한다.

PaaS와 IaaS의 차이는 클라우드 서비스 제공자가 관리하는 범위다. PaaS의 경우 클라우드 서비스 제공자는 OS 및 미들웨어까지 관리하고, 필수 기능만 사용자에게 제공한다. AWS에서 **관리형 서비스**로 제공하는 RDS나 DynamoDB, Lambda 등이 여기에 해당한다. 유지보수는 AWS가 담당하며 사용자는 AWS에서 제공하는 범위 안에서 자유롭게 기능을 이용할 수 있다.

IaaS는 서버 및 네트워크 기능만 제공하며 설정과 관리는 사용자의 몫이다. AWS의 EC2와 VPC, EBS와 같이 사용자가 자유롭게 설정할 수 있는 서비스가 IaaS에 해당한다.

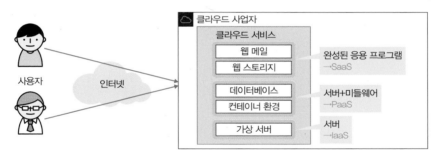

그림 1-8 클라우드에서 제공하는 서비스는 SaaS, PaaS, IaaS로 분류

03 AWS를 이해하기 위한 6가지 특징

키워드 ▪ 책임 공유 모델 ▪ 리전 ▪ 가용 영역 ▪ 종량 과금 ▪ Design for Failure ▪ AWS Well-Architected 프레임워크

AWS와 사용자 간의 책임 공유

AWS와 온프레미스의 특징을 비교해가며 살펴본다. 온프레미스는 하드웨어에 문제가 발생하면 사용자가 책임을 지고 수리 및 복구 작업을 실시하지만, AWS는 하드웨어에 문제가 발생하면 AWS가 책임을 지고 복구한다. AWS는 이러한 책임 범위를 '**공동 책임 모델(Shared Responsibility Model)**'이라는 형태로 정의한다.

고객 클라우드 내 보안에 대한 책임	고객 데이터		
	플랫폼, 응용 프로그램, ID 및 접근 관리		
	운영 체제, 네트워크, 방화벽 구성		
	클라우드 측 데이터 암호화 및 데이터 무결성 인증	서버 측 암호화 (파일 시스템 및 데이터)	네트워크 트래픽 보호 (암호화, 무결성, 신원)
AWS 클라우드 내 보안에 대한 책임	소프트웨어		
	컴퓨터 ∣ 스토리지 ∣ 데이터베이스 ∣ 네트워크		
	하드웨어/AWS 글로벌 인프라스트럭처		
	리전 ∣ 가용 영역 ∣ 엣지 로케이션		

그림 1-9 AWS와 사용자의 책임 범위를 규정한 공동 책임 모델

(출처: https://aws.amazon.com/ko/compliance/shared-responsibility-model/)

책임 범위는 이용하는 서비스에 따라 다르며 사용자는 자신의 책임 범위만 운용, 관리하면 되므로 업무 부하가 줄어든다.

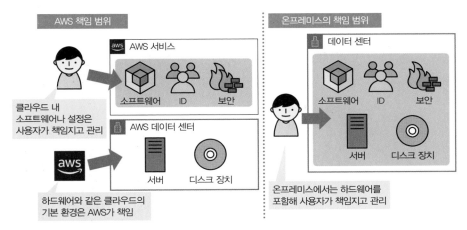

그림 1-10 하드웨어 관리는 AWS에 맡기므로 관리 비용이 줄어든다

글로벌 시스템 구축 가능

AWS에서 관리하는 데이터 센터는 전 세계에 존재한다. 지역별로 **리전**이라는 단위로 분리돼 있으며 이 책을 쓰는 시점(2022년 11월)에는 26개의 리전(중국 리전 포함)이 존재한다. 한국에서는 보통 서울 리전을 선택한다.

각 리전에는 **가용 영역(Available Zone, 이후 AZ)**이 여러 개 존재하는데, 하나 이상의 데이터 센터로 구성된다. 리전의 각 AZ는 서로 다른 위치에 있으므로 데이터 센터 장애와 같은 대규모 장애가 발생하더라도 다른 AZ에서 서비스를 제공한다.

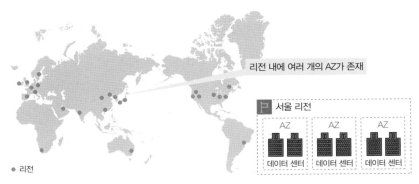

그림 1-11 AWS 데이터 센터는 전 세계 지역에 존재

사용자는 자신이 이용할 리전만 선택하면 되므로 간단히 글로벌 서비스를 구축할 수 있다.

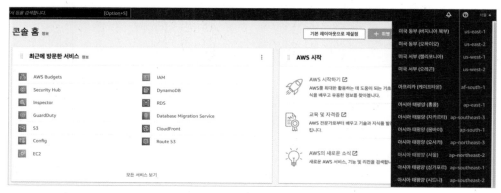

그림 1-12 시스템을 구축하는 리전(지역)을 간단하게 선택

사용한 만큼만 이용료 지불

AWS는 **종량 과금제**다. 대부분 서비스는 시간당 요금이 부과되도록 설정돼 있으며 '요금×이용
시간'이라는 형태로 이용료가 발생한다. 온프레미스는 하드웨어 구매 등 초기 비용이 많이 발생
하지만 AWS에서는 사용한 만큼 비용이 발생하므로 소규모의 서비스를 시작할 때 유리하다.

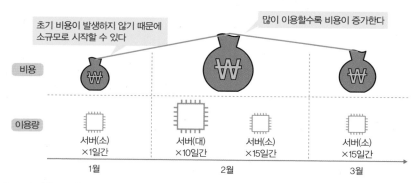

그림 1-13 AWS 이용 요금은 서비스별 요금×이용 시간

가상 서버 서비스인 EC2를 예로 이용 요금을 살펴보자. EC2를 30일간 24시간씩 이용한 경우의
요금은 다음과 같다.

표 1-2 이용 요금 예: 서버를 24시간×30일 가동한 경우

비용 유형	설정값	요금(단가)	요금(30일간)
서버 (인스턴스)	유형 : t3.micro	0.0136USD/1시간	9.792USD
데이터 용량 (EBS)	용량 : 20GB (범용 SSD)	0.096USD/1GB	1.92USD

이용 요금은 합계 11.712USD, 원화로 약 16,396원이다(USD=1,400원으로 계산). 실제 요금은 사용하는 인스턴스의 종류와 스토리지에 따라 증가한다. 비용 관리는 섹션 2에서 다시 다룬다.

서버의 자원과 수를 설정에서 쉽게 변경

AWS에서 생성한 서버는 자원(CPU, 메모리양)이나 수를 쉽게 변경할 수 있으며 구축된 서비스의 사용자가 증가했을 때 서버 수를 늘리거나 사양을 높이는 등 유연하게 대응할 수 있다.

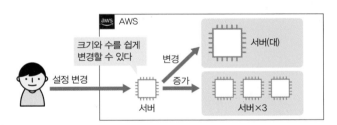

그림 1-14 서버의 자원과 수를 설정으로 쉽게 변경

장애를 예상한 설계

AWS는 장애는 언제라도 발생할 수 있다는 전제로 설계한다. 장애가 발생하지 않게 하는 것이 아니라 장애가 발생하더라도 서비스를 지속해서 제공할 수 있어야 한다는 의미다. 이를 'Design for Failure'라고 한다.

컴퓨터 등의 기기를 사용하다 보면 종종 이상하게 동작하거나 고장이 나는 등 문제가 발생하는 것을 경험했을 것이다. AWS도 마찬가지로 종종 문제가 발생하지만, 서버를 여러 AZ에 배포해 한 개 이상의 AZ에 장애가 발생하더라도 중단 없는 서비스를 제공할 수 있게 하고 있다. 시스템을 중단 없이 계속해서 실행할 수 있는 능력을 **가용성**이라고 한다.

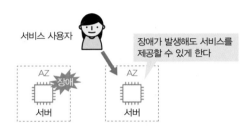

그림 1-15 여러 AZ에 서버를 배치해 장애에 대비

스토리지 서비스인 S3처럼 자동으로 여러 AZ에 배치하거나 데이터 영역을 확장하는 서비스도 있다.

설계의 모범이 되는 프레임워크

AWS는 '**Well-Architected**'라는 아키텍처 관련 모범 사례를 모아 사용자가 안전하고 효율적인 인프라를 구축할 수 있게 지원하는 프레임워크를 제공한다.

Well-Architected 프레임워크는 '운영 우수성', '보안', '안정성', '성능 효율성', '비용 최적화', '지속 가능성'이라는 6가지 원칙[5]을 중심으로 하고 있으며 AWS 홈페이지에서 해당 내용을 확인할 수 있다.

▶ AWS Well-Architected 프레임워크 웹 사이트

https://wa.aws.amazon.com/index.ko.html

▶ AWS Well-Architected 프레임워크 한국어 백서(PDF)

https://d1.awsstatic.com/whitepapers/ko_KR/architecture/AWS_Well-Architected_Framework.pdf

---

5 (옮긴이) 6대 원칙 혹은 여섯 가지 초석이라고도 한다.

이 내용은 초보자가 시스템을 구축하는 데 도움이 되는 문서는 아니지만 추후 고도화된 시스템을 만들 때 많은 도움이 되는 내용이다.

내용이 어렵다면 AWS 또는 Well-Architected 파트너와 같이 프레임워크를 잘 아는 기업과 상담도 가능하다.

▶ AWS Well-Architected 파트너 프로그램

    https://aws.amazon.com/ko/partners/programs/well-architected/?nc1=h_ls

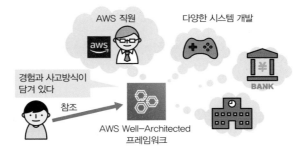

그림 1-16 AWS Well-Architected 프레임워크

04 서비스 분류 및 대표적인 서비스

AWS 서비스 분류

AWS가 제공하는 서비스는 나날이 증가하고 있고 사용자의 다양한 요구에 따라 서비스를 추가하고 개선하는 작업이 계속 이루어지고 있다. 200가지가 넘는 서비스를 모두 활용할 수는 없겠지만, 어떤 서비스를 제공하는지만 파악해도 보다 효율적으로 AWS를 활용할 수 있다.

AWS 서비스를 파악할 때 서비스의 특성별로 분류해 이해하면 좋다. AWS에서 제공하는 문서도 다음과 같이 분류돼 있다.

▶ AWS 설명서

https://docs.aws.amazon.com/ko_kr/

이 책은 AWS 공식 분류와 정확히 같지는 않지만 서비스 분류별로 장을 나누고 유사한 서비스를 묶어서 설명한다.

■ 컴퓨팅 (→3장)

응용 프로그램이나 미들웨어를 동작시키기 위한 가상 서버 환경을 제공하는 서비스다. AWS 공식 분류 방법은 아니지만 여기서는 컨테이너 서비스도 컴퓨팅 서비스에서 설명한다.

■ 스토리지 (→4장)

파일을 저장하는 서비스다. 가상 디스크, 가상 스토리지 등이 이 분류에 해당한다.

■ 네트워크 및 콘텐츠 전송 (→5장)

각 서비스를 연결하는 네트워크와 사용자에게 콘텐츠를 제공하는 기능을 가진 서비스다. AWS 내부의 가상 네트워크, 온프레미스 환경과 AWS를 연결하는 전용 회선, DNS, CDN 등의 서비스가 이 분류에 해당한다.

■ **데이터베이스 (→6장)**

다양한 형식의 데이터를 정리해 보관하고 검색이나 집계를 할 수 있게 하는 데이터베이스를 제공하는 서비스다. 데이터 정리와 유연한 검색을 위한 관계형 데이터베이스(RDB, Relational Database)나 단순한 구조의 데이터를 고속으로 다루는 키-값 데이터베이스(key-value database), 대량의 데이터 집계에 특화된 열지향 스토리지 등 다양한 데이터베이스 서비스가 존재한다. 데이터베이스에 저장된 데이터는 응용 프로그램 실행에 중요한 역할을 하는 경우가 많으므로 데이터 그 자체를 보전하는 기능도 강력하다.

■ **보안, 자격 증명 (→7장)**

시스템을 사이버 공격으로부터 보호하기 위한 많은 서비스가 제공된다. AWS 자체의 로그인 관리 및 서비스를 이용하기 위한 인증 서비스도 다양한 형식으로 제공된다. 이 책에서는 보안 기능 중 하나인 암호화 서비스에 대해서도 설명한다.

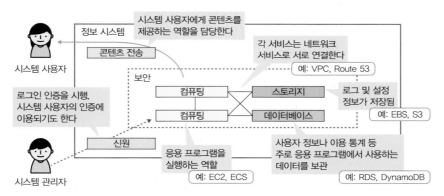

그림 1-17 AWS 서비스 분류는 일반적인 정보 시스템 기능에 해당

■ **기타 (→8장)**

지금까지 소개한 내용 외에 데이터 분석, 기계 학습, 시스템 관리, 개발 도구, IoT, 콜 센터, 동영상 스트리밍, 온라인 회의 등 다양한 분야의 서비스를 제공한다. 이 책에서는 그중에서도 비교적 자주 이용되는 서비스를 소개한다.

대표적인 서비스

그림 1-17은 일반적인 정보 시스템의 구성도다. 물론 시스템마다 구성이 다르지만 일반적으로 응용 프로그램을 동작시키거나 데이터를 저장하는 부분을 중심으로 구성한다. AWS 서비스로

말하자면 컴퓨팅 서비스로는 가상 서버인 **EC2**, 컨테이너 서비스인 **ECS**, 스토리지에는 **EBS** 및 **S3**, 데이터베이스로는 **RDS** 및 **DynamoDB**가 주로 사용된다.

네트워크에서는 가상의 폐쇄형 클라우드 환경을 구현하는 **VPC**, 고기능 DNS인 **Route 53**, 서비스 처리를 분산하기 위한 **ELB** 등이 많은 시스템에서 이용되고 있다.

서비스 종류가 매우 많지만 특정 용도에 특화된 서비스도 많으므로 이용해야 하는 서비스가 정해져 있는 것은 아니다. **Lightsail**이나 **Beanstalk**과 같이 자주 쓰이는 서비스를 조합해 쉽게 사용할 수 있게 패키지로 구성한 서비스도 있다. 따라서 대표적인 서비스를 이해하는 것이 AWS를 이해하는 지름길이므로 여기서는 대표적인 서비스를 중심으로 설명한다.

관리형 서비스, 비관리형 서비스

클라우드 서비스에서 **관리형 서비스(Managed Service)**란 서비스를 이용하기 위한 관리나 운영(시스템 운영)을 클라우드 서비스 제공자가 수행하는 것을 말한다. AWS에서는 RDS나 S3 등 대부분의 서비스가 관리형 서비스에 해당한다. 특히 데이터양에 따라 저장 영역을 자동으로 확장하는 가능을 가진 Aurora처럼 사용자가 직접 관리할 필요가 없는 서비스를 **완전관리형 서비스(Full Managed Service)**라고 한다.

반대로 EC2와 같이 사용자가 직접 OS 설정을 관리하거나 장애 대응을 해야 하는 서비스를 **비관리형 서비스**라고 한다.

05 AWS 도입 사례

AWS가 공개한 사례

AWS는 전 세계적으로 많은 서비스에서 사용하고 있으며 그만큼 많은 도입 사례를 찾아볼 수 있다. AWS 공식 사이트에도 많은 사례가 소개돼 있으므로 여기서 그 일부를 소개한다.

▶ **AWS 클라우드 배포 사례**

https://aws.amazon.com/ko/solutions/case-studies/all/

게임 업계 사례

AWS의 대표적인 특징이라고 할 수 있는 자원의 유연성과 글로벌 인프라의 힘을 발휘하는 업계는 게임 업계다. 게임 내에서 특정 이벤트를 개최할 때 평소보다 많은 사용자 접속으로 인해 접속 장애가 발생하는 경우가 많다. 이럴 때 AWS에서는 일시적으로 컴퓨팅 자원을 늘리고 사용자 접속이 원래 상태로 돌아오면 임시로 늘린 자원을 반환하는 형태로 유연한 대응을 할 수 있다. 아니면 자원 부족이라는 개념이 없는 서버리스 서비스를 이용한다. 온라인 게임에서는 세계 각지의 사용자에게 빠르게 데이터를 전달하기 위해 콘텐츠 전달 서비스를 활용하기도 한다.

닌텐도xDeNA

https://aws.amazon.com/ko/solutions/case-studies/nintendo-dena-case-study/

일본의 유명 게임회사인 닌텐도가 DeNA와 협업해 서비스하는 게임 '마리오 카트 투어'에서는 데이터베이스로 Amazon Aurora(이후 Aurora)를 사용한다. 2019년 전 세계 동시 출시를 하며 접속 장애를 막기 위해 예측한 접속 수의 3배를 처리할 수 있는 규모의 클러스터(서버군)를 준비했다. Aurora DB의 인스턴스 수는 1,200개로, Aurora 전체의 초당 질의 수(QPS)가 최대 약 30만을 기록했다. 데이터도 1개월 만에 30TB까지 도달했으나 아무런 문제없이 처리할 수 있었다. 완전관리형이고 쉽게 자원을 늘릴 수 있는 AWS의 특징을 잘 살린 사례다.

⇒Amazon Aurora는 6장에서 설명한다.

스퀘어 에닉스

https://aws.amazon.com/ko/solutions/case-studies/square-enix/

파이널 판타지와 드래곤 퀘스트 시리즈로 유명한 스퀘어 에닉스가 서비스하는 '드래곤 퀘스트X'에는 게임 내 사진 촬영 기능이 있다. 촬영된 사진은 서버로 전송되고 가공 후 저장한다. 보통은 1분에 2~300장 정도를 처리하지만 이벤트가 있을 때는 1분에 처리해야 하는 사진이 6,000장까지 증가해 게임 유저가 사진을 업로드한 뒤 열람할 수 있을 때까지 길게는 3~4시간 걸렸다. 이에 대응하기 위해 처음에는 이미지 처리 서버를 추가하려고 했지만 연간 몇 번의 이벤트를 위해 비싼 서버를 도입하는 것보다는 AWS Lambda를 이용해 이론적으로 무한대로 확장할 수 있고 이용한 만큼만 요금이 발생하도록 구성했다. 그 결과 1분에 처리할 수 있는 사진 수는 18,000장으로 늘어났고, 비용 역시 온프레미스로 시스템을 구축하는 비용의 1/20로 줄일 수 있었다. 자원 부족 현상이 발생하지 않는 서버리스 서비스의 특징과 종량 과금제의 장점을 살린 사례다.

⇒AWS Lambda는 3장에서 설명한다.

헬스케어 업계 사례

헬스케어 업계는 빅데이터를 활용하는 경우가 많다. 따라서 방대한 데이터를 빠르게 분석하고 처리하는 능력이 필요하다. 또한 환자의 병력이나 생체정보와 같은 민감 개인 정보나 신약 개발 데이터와 같은 기밀 정보를 주로 다루므로 보안 요구 조건도 높다. AWS에서는 데이터 분석에 유용한 고성능 CPU 및 GPU를 탑재한 컴퓨팅 서비스와 방대한 데이터를 보관하는 스토리지 서비스를 제공하고 있으며 Amazon VPC(이후 VPC)나 AWS WAF 등을 이용해 원하는 수준의 보안 시스템을 구축할 수 있어 헬스케어 업계에서도 서서히 도입을 추진하고 있다.

에자이 주식회사

https://aws.amazon.com/jp/solutions/case-studies/eisai/

에자이에서는 신약 연구 개발을 위해 AWS의 고성능 컴퓨팅(HPC) 인스턴스를 이용하고 있다. VPC로 보안을 확보할 수 있을 뿐 아니라 분석을 수행할 때만 컴퓨팅 자원을 사용해 비용을 절감할 수 있기 때문이다. AWS Snowball을 이용해 50TB에 달하는 데이터를 안전하게 AWS 환경으로 이전할 수 있었다. 온프레미스 환경에서는 시스템 자원이 한정적이었기 때문에 각 연구팀은 일정에 따라 정해진 시간에만 분석을 할 수 있었다. 하지만 AWS에 환경을 구축한 뒤에는 목적에 따른 HPC 환경을 자유롭게 구성할 수 있게 됐다. 고성능 환경을 필요할 때만 사용하고 필요하지 않을 때는 삭제해 비용을 절감할 수 있는 AWS 특징을 효과적으로 사용한 사례다.

⇒ Amazon VPC는 5장, AWS Snowball은 4장에서 설명한다.

시스맥스 주식회사

https://aws.amazon.com/jp/solutions/case-studies/sysmex/

시스맥스와 일본 국립 암연구센터가 공동 개발한 'OncoGuid NCC 온코 패널 시스템'은 암 유전자 기반 정밀 의료에 사용되는 시스템으로 정부 각 처의 요구 조건에 유연하게 대응하기 위해 AWS를 선택했다. 짧은 개발 기간에 일본 후생 노동성과 총무성, 경제 산업성이 정한 2개의 의료 정보 시스템에 대한 지침을 만족하는 시스템을 구현해야 했다. 요건과 규칙의 변경에 맞추도록 여러 번의 시행착오를 거치며 관리형 서비스를 활용해 운영 효율성과 보안 요구를 모두 이뤘다. 이 시스템은 이후로도 요구 사항에 맞춰 기능을 변경하거나 확장할 예정으로 AWS의 확장성을 잘 보여줄 수 있는 사례다.

제조 업계 사례

제조 업계의 사례는 AWS 공식 사이트에서 특히 많이 소개된다. 온프레미스 시스템에서 AWS로 마이그레이션, IoT를 활용한 새로운 서비스 구축, AI나 데이터 분석과 같은 AWS 서비스를 이용한 시스템 구축 등 다양한 사례가 있다.

토카이리켄 주식회사

https://aws.amazon.com/jp/solutions/case-studies/tokairiken/

토카이리켄은 Amazon Rekognition을 이용한 안면 인식 출입 관리 플랫폼 사례를 공개했다. 이 사례의 특징은 프로젝트를 시작할 때 회사에 클라우드 및 이미지 인식을 위한 기계 학습 전문가가 없었지만, AWS의 교육과 학습, 세미나와 같은 지원을 통해 자사의 사원을 교육해 개발을 진행했다.
AWS는 다양한 세미나를 개최하기도 하고, 온라인 매뉴얼도 잘 구비돼 있는 등 다른 클라우드 사업자보다 학습 자원이 잘 갖추어져 있다. 서비스 사용 설명서뿐만 아니라 깊이 이해하기 위한 참고 자료가 충분히 존재하는 것도 AWS의 매력이다.

⇒ AWS의 기계 학습 서비스는 8장에서 설명한다.

야마하 발동기[6] 주식회사

https://aws.amazon.com/jp/solutions/case-studies/yamaha-nri/

야마하 발동기는 노무라 종합 연구소의 지원을 받아 고객과 판매원의 상호 작용 데이터를 수집/분석하는 POS 시스템 구축을 3개월 만에 구현했다. 클라우드 네이티브라 불리는 '클라우드의 이점을 철저히 활용한다'라는 설계 사

6　(옮긴이) 엔진을 의미하는 한자어. 회사 이름이므로 '발동기'를 그대로 사용한다.

상으로 AWS의 관리형 서비스를 완벽하게 활용한 서버리스 시스템을 구축했다. GraphQL API를 제공하는 AWS AppSync를 비롯해 사용자 인증을 수행하는 Amazon Cognito, 데이터 저장을 위한 Amazon DynamoDB와 같은 관리형 서비스의 각 기능을 이용해 개발량을 크게 줄였다. 시장 변화에 발 빠르게 대응해 시스템을 정비해야 하는 제조업계의 특유한 사례다.

⇒ Amazon Cognito은 7장, Amazon DynamoDB는 6장에서 설명한다.

금융 업계 사례

AWS는 PCI-DSS(Payment Card Industry Data Security Standard)와 같은 최신 보안 표준의 대응도 가능하며 금융 자산을 다루는 업종이므로 더 신속하게 고객 요구에 대응하려고 시스템 개수를 할 수 있다는 관점에서 금융 업계에서 선택해 사용한다. 또한 확장할 수 있는 시스템을 구축하기 쉽고 신뢰성이 높은 시스템을 쉽게 구현할 수 있다는 이유도 있다.

PayPay 주식회사

https://aws.amazon.com/ko/solutions/case-studies/paypay/

'PayPay' 서비스는 개발 결정부터 이용 개시까지 불과 3개월이라는 기간이 걸렸다. 여러 회사가 현금 없는 (Cashless-캐시리스) 결제 서비스를 시작하는 가운데 재빨리 시장 점유율을 쟁취하려는 전략이었으며, 현재 PayPay는 현금 없는 결제 서비스 중 가장 큰 점유율을 차지하고 있다. 서비스 확대를 위한 업데이트를 빠르게 할 수 있는 것도 AWS의 장점이다.

미쓰이 스미토모 해상화재보험 주식회사

https://aws.amazon.com/jp/solutions/case-studies/ms-ins-nec/

미쓰이 스미토모 해상화재보험이 제공하는 대리점 시스템 'MS1 Brain'은 AI를 이용해 고객 개인에게 맞춤형 보험 상품이나 서비스를 제안하는 시스템이다. 축적된 고객 정보, 사고 정보, 가족 구성 변화와 같은 빅데이터를 분석해 고객의 요구를 예측하거나 고객에게 최적화된 보험 상품 제안을 할 수 있다. AI가 도출한 최적의 보험 상품을 설명하는 맞춤 동영상을 만들기도 하고 보험 판매 전략을 세울 때 이를 지원해주는 기능이 있다. 지금까지 사람의 경험이나 느낌에 의존하던 판단에 AI가 분석한 결과를 참고 정보로 추가해 효율을 높이기 위한 전략이다. 민감한 대량의 데이터를 안전하게 분석하기 위한 시스템을 구축하는 대표적인 사례다.

⇒ AWS 데이터 분석 서비스는 8장에서 설명한다.

칼럼 AWS 학습 방법

이 책 외에도 AWS를 학습하는 방법에는 여러 가지가 있으며 AWS 공식 학습 콘텐츠도 많이 있다. AWS를 처음 배우는 데 도움이 될 만한 몇 가지 자료를 소개한다.

AWS 시작하기

https://aws.amazon.com/ko/getting-started/?ref=docs_gateway/index.html

초보자를 위한 학습 자료와 동영상이 정리된 페이지다. AWS 공식 콘텐츠가 다수 게재돼 있으며 모두 무료다.

AWS 핸즈온

https://aws.amazon.com/ko/getting-started/hands-on

실제로 AWS 환경을 다루면서 배울 수 있는 실습 형태의 무료 동영상 세미나 콘텐츠다. 실제로 AWS 환경을 다루면서 공부하고 싶은 독자에게 추천한다. 절차를 자세히 설명하므로 초보자도 문제없이 학습할 수 있다. AWS 계정은 자신의 것을 사용해야 하며, 실습 내용에 따라 약간의 이용요금이 발생할 수 있다.

AWS Skill Builder(트레이닝 포털 사이트)

https://explore.skillbuilder.aws/learn

2021년에 새롭게 단장한 AWS 공식 트레이닝 포털 사이트다. 많은 교육 콘텐츠가 무료로 제공되며 앞으로도 확충될 예정이다.

인증 시험

https://aws.amazon.com/ko/certification/certification-prep/

AWS에 어느 정도 익숙해졌다면 AWS 공식 자격증에 도전해봐도 좋을 것이다. 시험 합격이라는 명확한 목표가 있으므로 더 열심히 공부할 수 있다. AWS에는 여러 인증 시험이 있지만, 기본 코스인 클라우드 프랙티셔너(AWS Certified Cloud Practitioner) 합격을 목표로 한다. 이 책은 수험서는 아니지만 이 책에서 기초를 다지고 핸즈온과 트레이닝 사이트를 참고해 도전해보기 바란다.

그림과 작동 원리로 쉽게 이해하는

AWS 구조와 서비스

AWS의 전체 구조와 기술이 한눈에 들어오는
아마존 웹 서비스 핵심 가이드

Chapter
2

Amazon Web Service
사용 시작

1장에서는 AWS의 개념과 사용 사례를 알아봤다. 2장에서는 AWS 계정 생성, 이용 요금 확인 방법 등 가장 먼저 해야 할 일을 소개한다.

AWS 계정 생성 및 로그인
계정을 만들고 AWS 이용 시작

AWS 조작
AWS 서비스를 사용하는 세 가지 방법

AWS 이용료 관리
AWS 서비스 이용료 시각화

리전과 가용성 영역
AWS 시스템이 구축되는 위치 선택

01 계정을 만들고 AWS 이용 시작

키워드 ▪ AWS 계정 ▪ AWS 지원 플랜 ▪ 루트 사용자 ▪ IAM 사용자

AWS 계정 생성

1장에서는 AWS에서 제공하는 전반적인 서비스를 간단하게 설명했다. 이 섹션에서는 AWS 서비스를 실제로 이용하기 위한 준비를 설명한다. 지면에서 전체 흐름을 보여주므로 실제로 실행할 필요는 없지만, 여유가 있다면 직접 실행해 보는 것도 AWS를 이해하는 데 도움이 될 것이다.

AWS 서비스를 이용하려면 사용자 고유의 계정으로 로그인해야 하는데, 이 계정을 **AWS 계정**이라고 한다. AWS 계정에 다음 정보를 등록한다.

- 메일 주소
- 연락처 정보(이름, 전화번호, 주소)
- 신용 카드 정보

위 정보가 준비되면 즉시 계정을 생성한다. 다음 URL에서 계정을 생성할 수 있다.

▶ **AWS 계정 새로 만들기**

https://portal.aws.amazon.com/billing/signup#/start

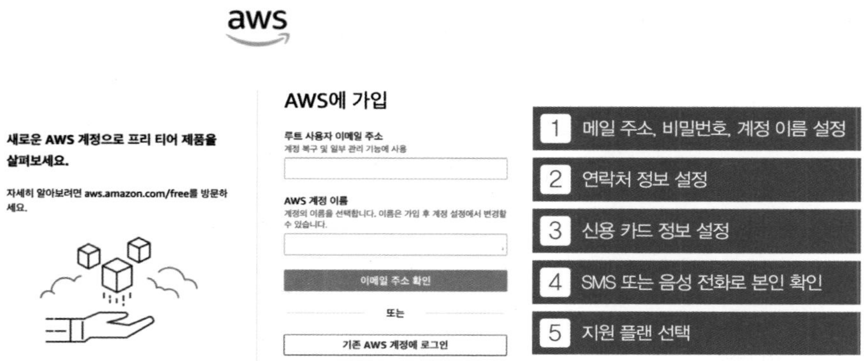

aws

새로운 AWS 계정으로 프리 티어 제품을 살펴보세요.

자세히 알아보려면 aws.amazon.com/free를 방문하세요.

AWS에 가입

루트 사용자 이메일 주소
계정 복구 및 일부 관리 기능에 사용

[   ]

AWS 계정 이름
계정의 이름을 선택합니다. 이름은 가입 후 계정 설정에서 변경할 수 있습니다.

[   ]

[이메일 주소 확인]

또는

[기존 AWS 계정에 로그인]

1 | 메일 주소, 비밀번호, 계정 이름 설정
2 | 연락처 정보 설정
3 | 신용 카드 정보 설정
4 | SMS 또는 음성 전화로 본인 확인
5 | 지원 플랜 선택

그림 2-1 가입 페이지

가입 페이지에서 필요한 정보를 입력한다. 가입은 총 5단계로 진행된다. 메일 주소는 중복해서 등록할 수 없기 때문에 새로운 계정을 만들기 위해서는 다른 메일 주소가 필요하다.

또한 AWS 계정을 만들 때 해당 계정에서 사용할 수 있는 AWS 지원 플랜을 선택할 수 있다. 무료 지원 서비스만 받을 수 있는 '기본(Basic)', 유료로 AWS에서 직접 기술 지원을 받을 수 있는 '개발자(Developer)', '비즈니스(Business)', '엔터프라이즈(Enterprise)'의 총 4종류가 있다. 다음 표에 간단히 비교하여 정리했으니 용도에 맞게 선택하기 바란다.

표 2-1 AWS 지원 계획. 기술 지원을 받고 싶다면 유료 플랜을 선택

플랜	주요 용도	이용료(월)	요금 질문	기술 질문	기술 문의 방법	케이스 응답 시간
기본	기본으로 사용 가능	무료	○	×	인스턴스 상태 확인 실패 시에만	–
개발자	학습 · 테스트 등 개인용	최소: 29USD	○	○	메일(평일 9:00~18:00)	· 일반 문의: 24시간 이내 · 시스템 장애: 12시간 이내
비즈니스	실전 환경 워크로드 사용자	최소: 100USD	○	○	전화, 채팅, 메일(24시간)	· 일반 문의: 24시간 이내 · 시스템 장애: 12시간 이내 · 상용 시스템 장애: 4시간 이내 · 상용 시스템 다운: 1시간 이내
엔터프라이즈	비즈니스 및 중요한 워크로드 사용자	최소: 15,000USD	○	○	· 전화, 채팅, 메일 (24시간) · 담당자에게 직접 연락	· 일반 문의: 24시간 이내 · 시스템 장애: 12시간 이내 · 상용 시스템 장애: 4시간 이내 · 상용 시스템 다운: 1시간 이내 · 비즈니스/미션 크리티컬 시스템 다운: 15분 이내

화면의 지시에 따라 등록을 완료하면 등록 메일 주소로 확인 메일이 도착한다. 링크를 클릭하면 바로 AWS를 이용할 수 있다.

AWS 계정 로그인

처음 계정을 생성하면 **루트 사용자**만 존재하므로 루트 사용자를 선택해 로그인을 진행한다. 앞서 등록한 메일 정보와 패스워드를 입력한다.

▶ AWS 계정에 로그인

https://console.aws.amazon.com/console/home

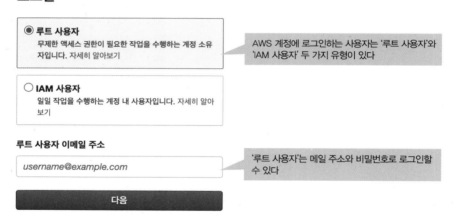

AWS 계정에 로그인하는 사용자는 '루트 사용자'와 'IAM 사용자' 두 가지 유형이 있다

'루트 사용자'는 메일 주소와 비밀번호로 로그인할 수 있다

그림 2-2 처음 로그인은 루트 사용자로 진행한다

로그인하면 콘솔 홈(AWS Management Console) 화면을 볼 수 있다. 여기서 AWS의 각종 서비스를 이용할 수 있다.

그림 2-3 로그인하면 콘솔 홈(AWS Management Console)이 표시

루트 사용자는 모든 권한을 가진 사용자다. 보안을 위해서는 IAM이라는 서비스를 이용해 별도의 IAM 계정을 만들고 각 **IAM 사용자**에게 적절한 권한을 부여해 서비스를 사용한다(201쪽에서 소개).

루트 사용자는 IAM에서 부여할 수 있는 모든 권한 외에도 AWS 계정 자체의 구성 변경, 계약 해지, 계약 변경 등 '무엇이든 할 수 있는' 가장 큰 권한을 가진 사용자다. 따라서 계정 정보가 유출되지 않도록 주의해야 한다.

기본적으로 처음 로그인을 했을 때 IAM 계정을 생성한 뒤 IAM 계정만 사용하는 것이 좋다. 루트 사용자는 AWS 계정 전체에 관련된 설정 변경(계정명 변경이나 지원 플랜 변경)과 같이 반드시 루트 사용자로 해야 하는 작업을 할 때 외에는 사용하지 않는 것이 좋다.

02 AWS 서비스를 사용하는 세 가지 방법

키워드 ■ AWS Management Console ■ AWS CLI ■ AWS SDK

웹 브라우저에서 AWS 조작

AWS 서비스 조작은 웹 브라우저를 비롯한 다양한 방법으로 수행할 수 있다. 이 섹션에서는 AWS 서비스 조작 방법을 살펴본다.

가장 일반적으로 사용되고 직관적인 방법은 웹 브라우저에서 **관리 콘솔**[1]을 사용하는 것이다. 일반적인 웹 사이트를 조작할 때와 마찬가지로 마우스와 같은 장치를 이용해 직관적으로 AWS를 조작할 수 있다.

관리 콘솔은 이전 섹션에서 소개한 것처럼 브라우저에서 AWS 계정에 로그인하면 이용할 수 있다.

---

1 (옮긴이) 브라우저에서 보면 '콘솔 홈'이라고 쓰여 있지만 일반적으로 '관리 콘솔'이라고 하므로 본서에서도 '관리 콘솔'이라고 칭한다. 사람에 따라서는 영어 발음 그대로 '매니지먼트 콘솔(Management Console)'이라고 부르기도 한다.

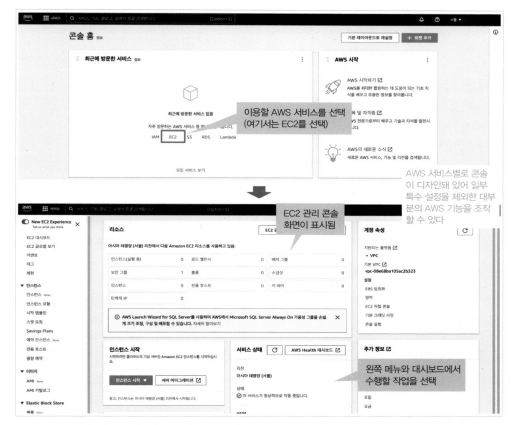

그림 2-4 브라우저에서 AWS를 조작할 수 있는 관리 콘솔

명령줄 도구로 AWS 조작

AWS 서비스는 명령어를 이용한 조작도 가능하다. 명령어로 조작하려면 **AWS Command Line Interface(AWS CLI – 명령줄 도구)**를 설치해야 한다. 리눅스, 윈도우, 맥OS 등 사용하는 OS에 맞는 AWS CLI 도구를 내려받아 설치한다.

이 절에서는 리눅스와 윈도우에서 AWS CLI를 설치하는 방법을 간단하게 소개한다. 설치 후에는 AWS CLI를 이용하는 환경에 따라 액세스 키와 지역을 설정한다.

리눅스에 설치

다음 명령을 실행한다.

```
$ curl "https://awscli.amazonaws.com/awscli-exe-linux-x86_64.zip" -o "awscliv2.zip"
<- awscliv2.zip을 다운로드
$ unzip awscliv2.zip  <- awscliv2.zip 압축 해제
$ sudo ./aws/install  <- 설치
```

윈도우에 설치

다음 URL에서 AWS CLI 설치 프로그램을 내려받아 실행한다.

▶ **윈도우용 AWS CLI 설치 프로그램 다운로드**

https://awscli.amazonaws.com/AWSCLIV2.msi

AWS CLI 명령을 사용해 AWS 모든 자원의 기능을 조작할 수 있다. 리눅스와 맥OS는 터미널에서, 윈도우는 파워셸이나 명령줄 도구에서 명령을 실행한다.

보안 그룹을 만드는 AWS CLI 명령

```
$ aws ec2 create-security-group --group-name sample-sg --description "Sample sg"
```
CLI 명령어 대상 서비스 서비스 조작   조작 설정 내용①   조작 설정 내용②

이 명령어의 경우 'EC2' 서비스에서 '보안 그룹 이름'과 '보안 그룹 설명'을 설정하고 '보안 그룹 작성'을 수행한다.

AWS CLI는 AWS 서비스마다 사용하는 보조 명령과 설정 옵션이 모두 다르므로 도움말 문서를 참고하는 것이 좋다.

▶ **AWS CLI의 공식 명령**

https://docs.aws.amazon.com/cli/latest/reference/

AWS CLI는 웹 브라우저에서 작업하는 것보다는 어려워 보이지만, 같은 명령을 실행했을 때 언제나 같은 결과를 얻을 수 있다. 즉, 재현성이 높다는 장점이 있다.

웹 브라우저에서 관리 콘솔을 사용할 때 버튼 클릭을 잘못하거나 잘못된 순서로 조작하는 등 조작 실수가 발생할 가능성이 있으며, AWS 서비스 버전업으로 인해 UI가 변경되거나 메뉴 이름이 바뀌면 조작을 원활하게 할 수 없다는 문제가 있다.

하지만 AWS CLI 명령어를 사용하면 자주 사용하는 명령을 저장해두고 언제든지 바로 사용할 수 있으므로 AWS 조작을 자동화해 조작 실수를 줄일 수 있다. 해야 할 작업과 기술의 숙련도를 고려해 필요에 따라 콘솔 조작과 AWS CLI 명령어 조작을 구분해서 이용하는 것이 좋다.

프로그램 방식으로 AWS 조작

AWS 서비스는 프로그램을 이용해서 조작할 수도 있다. 프로그래밍 방식으로 AWS를 사용하기 위해서는 각 개발 언어에 **AWS SDK**라는 개발 키트를 설치해야 한다.

SDK는 Software Development Kit의 약자로, 소프트웨어나 서비스를 개발할 때 필요한 프로그램과 예제 코드를 정리한 것이다.

그림 2-5 AWS SDK를 이용해 자체 프로그램으로 AWS를 조작

AWS SDK는 현재 다음 8가지 개발 언어를 지원한다.

- JavaScript
- Ruby
- Python
- Java
- PHP
- Go
- .NET
- C++

그 외에도 React나 Angular와 같은 라이브러리 프로그램용, 안드로이드와 iOS 같은 모바일 OS 용을 비롯해 IoT 기기용 SDK도 제공한다.

SDK는 AWS 자원을 조작하는 것은 물론 응용 프로그램의 일부로 AWS 자원을 조합하거나 S3에 파일을 저장하는 등 다양한 기능을 제공한다.

SDK를 활용해서 응용 프로그램과 AWS 서비스를 연결해 보다 복잡하고 유연한 서비스를 구현할 수 있다.

03 AWS 서비스 이용료 시각화

AWS 비용 관리

AWS를 이용할 때 반드시 고려해야 할 사항 중 하나가 AWS 서비스 이용 요금이다. AWS 서비스의 요금 체계는 서비스마다 다르지만, 어떤 서비스든 **종량 과금제**로 비용이 청구된다. 즉, 이용한 만큼 매월 이용료가 청구된다.

거대하고 복잡한 시스템은 많은 AWS 서비스를 이용하므로 전체 요금 관리가 어려워진다. 그리고 AWS 계정이 탈취당하거나 시스템이 해킹 당해 고액의 요금이 청구될 가능성도 있다.

이 섹션에서는 이러한 문제를 예방하기 위한 방법으로 **AWS Billing and Cost Management**를 이용한 비용 관리를 소개한다.

AWS Billing and Cost Management란

AWS Billing and Cost Management는 청구 및 비용 관리를 위한 몇 가지 기능을 제공하며 이를 통해 서비스 이용 및 비용 정보를 시각화할 수 있다.

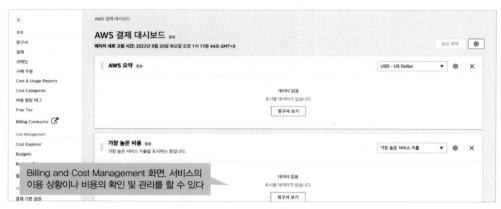

그림 2–6 AWS 결제 대시보드

AWS Billing and Cost Management는 관리 콘솔의 사용자 계정을 클릭해 풀다운 메뉴가 표시되면 '결제 대시보드'를 선택해 이용할 수 있다.

대시보드 화면의 상단에는 AWS 이용 요약이나 서비스별 비용 추세 등이 정리돼 있어 해당 계정에서의 서비스 이용 상황을 간단하게 파악할 수 있다. 그리고 메뉴에서 자세한 청구 정보 및 비용 관리 기능을 사용할 수 있다. 제공되는 주요 기능은 다음 표와 같다. 청구 정보나 이용 현황 보고서는 '결제(Billing)'에서 확인할 수 있으며 비용 상황은 'Cost Management' 기능으로 확인하고 관리할 수 있다.

표 2– 2 AWS Billing and Cost Management에서 제공하는 주요 기능

카테고리	기능	설명
결제(Billing)	청구서	· 각 달의 계정 전체의 청구, 청구의 서비스별 명세를 확인 · 청구 정보는 CSV 파일로 다운로드 가능
	Cost & usage reports	· 계정의 청구 정보나 이용 금액을 비롯해 더욱 상세한 제품 속성, 요금 속성 등을 정리한 보고서를 자동 작성 · AWS 서비스별 이용량을 보고서로 작성 가능
Cost Management	Cost explorer	· 각 서비스의 비용 및 자원 사용량을 그래프로 시각화해 분석 및 예측 가능
	Budgets	· 이용 서비스의 자원 상황, 비용을 감시해 설정한 예산을 넘었을 경우 경고 알람을 실시 · 설정 예산별 상황 확인, 관리가 가능

비용 관리 정책

비용 관리를 하는 데 있어 알아둘 것은 다음 2가지다.

- Cost explorer에서 올바르게 현황을 파악하고 방침을 수립할 것
- Budgets에서 예산을 설정하고 이용량을 감시할 것

Cost explorer는 AWS 비용 상황을 파악하는 데 도움이 된다. 서비스별 비용을 확인하면 어디에서 비용이 발생하는지 확인할 수 있으므로 서비스 비용 감소를 포함해 비용 최적화를 실시할 수 있다.

Budgets에서 예산을 설정하면 월 이용 요금이 설정한 금액을 초과할 때 이를 감지하고 사용자에게 알림을 보낸다. 이처럼 예상하지 못한 비용 증가가 발생하더라도 바로 대응할 수 있게 대책을 수립하는 것이 중요하다.

04 AWS 시스템이 구축되는 위치 선택

리전은 세계에 존재하는 지역

1장의 섹션 03. 'AWS를 이해하기 위한 6가지 특징'에서 소개한 것처럼 AWS에서는 전 세계 각 지역에 **리전**이라고 하는 지리적으로 떨어진 영역이 존재하고 각 리전은 AWS의 사설 네트워크로 연결돼 있다. 예를 들어 한국에는 서울 리전 'ap-northeast-2'가 있고 일본에는 도쿄와 오사카에 'ap-northeast-1', 'ap-northeast-3'이라는 리전이 존재한다. 미국 연방정부, 주, 각 지방자치단체, 계약업체가 사용할 수 있는 Gov Cloud(미국) 리전('us-gov-west-1', 'us-gov-east-1')이라는 특별한 리전도 있다.

세계 각지에 리전이 존재하면 다음과 같은 장점이 생긴다.

- 세계 각지의 사용자가 이용하는 글로벌 시스템을 구축할 수 있어 사용자의 통신 지연을 줄일 수 있다.
- 법적 요구 사항으로 특정 국가에 시스템을 구축해야 하는 경우 특정 리전을 사용해서 요건을 충족할 수 있다.
- 큰 재난이 발생해 특정 리전에서 시스템을 사용할 수 없게 된다고 해도 다른 리전에서 시스템을 가동할 수 있다.

브라우저에서 AWS 관리 콘솔을 조작하는 경우, 화면의 오른쪽 위에서 사용할 리전을 선택한다. 예를 들어 서울 리전을 선택하고 EC2 인스턴스(서버) 목록을 표시하면 서울 리전의 EC2만 표시된다. 즉, 리전별로 분리해 자원을 관리할 수 있다.

그림 2-7 관리 콘솔에서 간단한 클릭만으로 리전 이용이 가능

가용성 영역은 리전 내의 독립적인 위치

각 리전에 있는 복수의 **가용 영역(이후 AZ)**은 하나 이상의 데이터 센터로 구성되며 모두 독립적이다. 거리상 떨어져 있고(100km 이내) 전력원이나 네트워크와 같은 설비도 AZ마다 독립적으로 작동하므로 특정 AZ에서 발생한 장애는 다른 AZ에 영향을 미치지 않는다. 각 AZ는 독립적이지만 AZ끼리는 고속의 네트워크로 연결돼 있고 암호화된 통신을 이용한다.

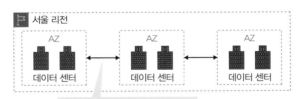

그림 2-8 리전에는 여러 가용 영역(AZ)이 존재한다

AZ에는 **AZ 이름**과 **AZ ID**가 있다. AZ 이름은 'ap-northeast-2a'와 같은 '지역 이름+알파벳' 형식이고 AZ ID는 'apne2-az1'와 같은 형식이다. AZ 이름과 AZ ID는 일대일로 대응하지만, AWS 계정마다 AZ 이름에 대응하는 AZ ID가 다르다. AWS 자원이 각 AZ에 분산되게 하기 위해 이렇게 구성했다. 따라서 어딘가의 AZ에 장애가 발생하면 AZ 이름이 아닌 AZ ID를 확인해야 한다.

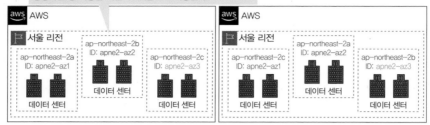

그림 2-9 AZ ID가 동일=지리적으로 같은 장소의 AZ. AZ 이름은 사용자별로 다른 경우가 있다

AWS에서 서비스를 이용하는 경우 일반적으로 먼저 리전을 선택[2]하고 AZ는 서비스 안에서 선택한다.

예를 들어 네트워크 서비스인 Amazon VPC에서 서브넷을 생성하는 경우 다음과 같이 AZ를 선택한다.

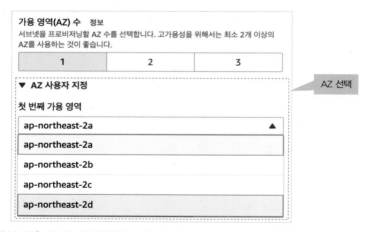

그림 2-10 자체 시스템용 네트워크를 생성할 때 AZ를 선택하는 예

AWS는 여러 AZ에 자원을 배치해 시스템 가용성을 높일 수 있으므로 사용자가 여러 AZ를 지정해 자원을 생성하는 경우가 많다. 스토리지 서비스인 S3의 경우 자동으로 3개 이상의 AZ에 데이터가 복사되므로 사용자는 AZ를 신경 쓰지 않아도 된다.

---

2 IAM같이 리전을 선택하지 않는 글로벌 서비스도 있다.

상용 시스템을 운영하거나 중요한 데이터를 저장할 때는 기본적으로 여러 AZ에서 실행하도록 AWS 자원을 생성한다. 앞서 언급한 S3와 같이 AWS에서 자동으로 여러 AZ를 사용하는 경우도 있으므로 각 서비스에서 자원이 어떻게 각 AZ에 배치되는지 이해해야 한다.

칼럼 **시스템 개발에 사용되는 기본 용어**

여기서는 앞으로 AWS 사용 방법을 설명할 때 자주 사용되는 용어를 정리한다. 시스템 개발 경험이 없는 독자에게는 익숙하지 않은 용어도 있으므로 간단하게 설명한다.

인프라(Infra)

인프라스트럭처(infrastructure)의 약자로, 정보시스템이 작동하는 기반이 되는 서버나 스토리지 등의 기기, 네트워크 케이블과 같은 하드웨어와 OS, 미들웨어와 같은 일부 소프트웨어를 말한다.

AWS에서는 서비스로 제공되지 않고 AWS에서 관리해야 할 부분이지만 시스템 개발에서는 실제 처리를 수행하는 응용 프로그램의 반대 의미로 사용된다. EC2나 RDS와 같은 AWS 서비스도 이에 포함된다.

코드(Code)

공식적으로 '소스 코드'라고 불리는 프로그래밍 언어로 작성된 프로그램의 코드다. HTML 문서나 CloudFormation 등에서 사용되는 JSON 파일도 같은 의미로 코드라고 할 수 있다.

빌드(Build)

소스 코드를 컴퓨터에서 실행할 수 있는 형식으로 변환하는 것을 의미한다. 프로그래밍 언어에 따라 빌드하지 않고 컴퓨터가 소스 코드를 그대로 실행할 수 있는 것도 있다.

배포(Deply – 디플로이)

응용 프로그램을 대상 컴퓨터에 배치하고 실행할 수 있도록 준비하는 것이다.

기본값(Default – 디폴트)

'초기 설정'을 의미한다. '기본적으로 디폴트 동작을 한다'라고 하면 '아무것도 설정하지 않았을 때 어떠한 동작을 한다'라고 이해하면 된다.

스케일, 스케일링(Scale, Scaling)

컴퓨터 자원의 양을 변경하는 것을 말한다. 서버 한 대의 사양을 높이거나 낮추는 것을 스케일 업 또는 스케일 다운이라고 한다. 그리고 서버 자체의 수를 늘리거나 줄이는 것은 스케일 아웃, 스케일 인이라고 한다.

그림과 작동 원리로 쉽게 이해하는

AWS 구조와 서비스

AWS의 전체 구조와 기술이 한눈에 들어오는
아마존 웹 서비스 핵심 가이드

Chapter
3

컴퓨팅 서비스

3장에서는 데이터 처리를 수행하는 서비스를 소개한다. 대표적 서비스인 EC2부터 Lambda, ECS와 같이 최근 주목받는 서버리스 서비스와 컨테이너에 대해서도 설명한다.

01 알아둬야 할 서버 기초 지식

키워드 ▪ 서버 ▪ 클라이언트 ▪ 웹 서버 ▪ 데이터베이스 서버 ▪ 메일 서버 ▪ 리눅스 ▪ 윈도우 서버 ▪ 서버 가상화

서버란

AWS뿐 아니라 어떤 시스템에서도 반드시 있어야 하는 것이 시스템 처리를 실행할 컴퓨터다. AWS에서는 가상 서버 서비스인 EC2와 컨테이너 서비스인 ECS 등 폭넓은 컴퓨팅 서비스를 제공한다.

네트워크에서 데이터나 서비스를 제공하는 컴퓨터를 **서버**, 그 서비스를 이용하는 프로그램을 **클라이언트**라고 한다. 웹 사이트와 웹 브라우저가 대표적인 예다. 웹 사이트 서비스를 제공하는 컴퓨터가 서버고 웹 브라우저가 클라이언트다.

클라이언트는 서버에 데이터를 요청하고 서버는 요청에 대한 응답을 반환한다. 웹 사이트라면 특정 페이지의 URL을 지정해 요청을 전송하면 웹 서버가 해당 URL에 해당하는 데이터를 응답으로 반환한다.

웹 사이트 외에도 온라인 게임이나 SNS, 메일 등에서도 이처럼 클라이언트가 서비스를 제공하는 서버에 특정 요청을 하면 서버는 그 요청에 대한 응답을 반환한다. 각 서비스는 통신 규약(프로토콜)이 다를 뿐 동작은 웹 서버-클라이언트와 동일하다.

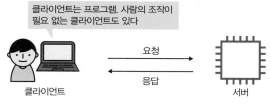

그림 3-1 네트워크를 통해 서비스를 제공하는 서버

대표적인 서버 유형

서버는 제공하는 서비스에 따라 다양한 종류가 있는데 여기서는 대표적인 서버 종류를 소개한다.

웹 서버

앞서 언급했듯이 서버의 대표적인 예로 **웹 서버**가 있다. 웹 서버에는 웹 페이지 자체의 구조를 만드는 HTML 파일과 디자인을 정의하는 CSS 파일, 사이트에 표시되는 이미지 파일 등 서비스 제공에 필요한 데이터가 저장된다. 웹 사이트를 구성하는 데 필요한 데이터를 저장하고 시스템을 제어하는 프로그램을 설치한 서버를 웹 서버라고 한다.

AWS에서 웹 서버를 구축하는 경우 EC2와 ECS로 구현하는 경우가 많은데, 자세한 원리는 뒤에서 설명한다.

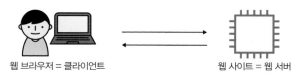

웹 브라우저 = 클라이언트   웹 사이트 = 웹 서버

그림 3-2 웹 서버는 웹 페이지를 표시하는 데 필요한 데이터를 제공

데이터베이스 서버

시스템이 취급하는 데이터를 통합 관리하는 데이터베이스 관리 시스템이 설치된 서버를 **데이터베이스(DB, DataBase) 서버**라고 한다. 데이터베이스에도 다양한 종류가 있지만, 데이터 보존이나 갱신, 백업 등의 관리 기능, 데이터 검색 등을 실시하는 데이터 처리 기능은 같다.

클라이언트   데이터베이스 서버

그림 3-3 데이터베이스 서버는 클라이언트가 요청한 데이터 처리 결과를 반환

데이터베이스 서버는 클라이언트에서 특정 데이터를 참조하거나 수정, 삭제 등의 데이터 처리 요구를 요청으로 받아들이고 실행 결과를 응답으로 반환한다.

AWS는 RDS나 DynamoDB와 같이 데이터베이스에 특화된 서비스를 제공한다. EC2에 데이터베이스 관리 시스템을 설치해 DB 서버를 구축할 수 있지만, AWS 관리형 서비스이면서 튜닝이 쉬운 RDS나 DynamoDB 서비스 중에서 시스템에 맞는 최적의 서비스를 선택해 이용할 수도 있다.

메일 서버

SMTP 프로토콜, POP3 프로토콜을 이용해 메일 송신, 전달, 수신하는 서버를 **메일 서버**라고 한다. 일반적으로 메일 서버는 그 역할에 따라 SMTP 서버와 POP3 서버로 나뉜다. 여기서는 시스템에서 자주 사용되는 SMTP 서버에 대해 설명한다.

SMTP 서버는 메일을 보내는 역할을 하는 서버다. 메일을 보내는 사람은 메일 클라이언트 프로그램에서 메일을 작성해 SMTP 서버에 메일 전송 요청을 한다. SMTP 서버는 요청받은 후 해당 메일의 수신처를 DNS 서버에서 확인해 어디로 메일을 보내야 할지를 특정한다. 그리고 해당 메일 주소로 메일을 보낸다.

AWS에서는 EC2에 사용자가 메일 서버를 구축할 수 있으며 AWS 관리형 메일 전송 서비스인 Amazon SES를 이용할 수 있다.

② 이름을 확인한 후 수신처 메일
서버로 메일을 송신한다

클라이언트   메일 서버   수신처 메일 서버

① 메일 서버는 받은 메일 수신처의
이름을 DNS 서버에서 확인한다

DNS 서버

그림 3-4 메일 서버(SMTP 서버)는 메일을 송신하고 전달

웹 서버 작동 방식

웹 서버는 사용자 측의 웹 브라우저를 클라이언트로, 웹 서버를 서버로 지정해 클라이언트-서버 통신을 한다. 이때 브라우저와 웹 서버는 HTTP 또는 HTTPS라는 프로토콜로 데이터를 주고받는다. 클라이언트가 웹 사이트에 필요한 데이터를 요청하고 그 요청에 따라 서버가 데이터를 반환한다.

웹 서버는 다양한 데이터를 취급한다. 표 3-1에서 대표적인 데이터를 확인할 수 있다. 웹 사이트의 콘텐츠 구성을 정의하는 HTML을 중심으로 사이트 자체의 디자인이나 웹 페이지에서 실행되는 프로그램은 서버에 저장돼 있다.

표 3-1 웹 서버가 처리하는 주요 데이터

카테고리	데이터	설명
사이트 구성	HTML	· Hyper Text Markup Language · 웹 사이트 자체의 구조를 정의하는 코드, 단락이나 목록 구성, 이미지 파일 사용, 링크 작성 등 사이트의 뼈대가 되는 내용이 기입돼 있다.
사이트 레이아웃 및 디자인	CSS	· Cascading Style Sheets · HTML로 정의된 콘텐츠에 스타일 디자인을 적용하고 배치할 수 있다. · 표시되는 문자의 글꼴이나 색, 크기 지정은 물론 다양한 효과를 통해 애니메이션 효과도 줄 수 있다.
스크립트 (서버)	PHP, Ruby 등	· 웹 서버에서 처리하는 프로그램. 요청에 따라 처리 결과를 클라이언트에 반환한다. · 항상 웹 서버에서 처리되므로 결과는 클라이언트 환경에 의존하지 않는다.
스크립트 (클라이언트)	JavaScript	· 클라이언트(브라우저)에서 실행되는 프로그램 · 클라이언트가 처리하기 때문에 서버에 부하를 주지 않는다. · 클라이언트 환경에 따라 처리 속도와 결과가 다를 수 있다.
이미지	JPEG, GIF, PNG 등	· 사이트에 표시되는 이미지도 서버에 저장된다. · 데이터 압축 방식이나 기능에 따라 저장 형식이 선택된다.

웹 브라우저 = 클라이언트　　　　　　　웹 사이트 = 웹 서버

서버 OS란

일반적인 PC뿐 아니라 서버에도 **운영체제(OS)**는 반드시 탑재된다. OS는 사람이 기기의 관리와 제어를 수행하기 위한 인터페이스와 하드웨어 관리 기능, 기기에서 동작할 소프트웨어가 공통적으로 이용할 기본 기능을 구현한 소프트웨어다.

일반적인 가정용 PC에는 주로 윈도우나 맥OS가 사용되고 스마트폰은 안드로이드나 iOS가 이용되지만, 서버로 이용되는 기기는 주로 **리눅스**나 **윈도우 서버**가 이용된다.

┃ 리눅스

리눅스는 윈도우나 맥OS와 달리 무료이며 오픈 소스 소프트웨어이므로 누구나 자유롭게 개발, 배포할 수 있다. 따라서 다양한 기업과 단체가 기본이 되는 리눅스 커널을 이용해 독자적으로 추가 개발한 OS를 **리눅스 배포판(Distribution)**으로 제공하고 있다.

표 3-2 대표적인 리눅스 배포판

배포판 이름	설명
Red Hat Enterprise Linux (RHEL)	· 레드햇이 개발한 상용 리눅스 배포판 · 대규모 시스템 등의 서버에서 많이 이용 · 패키지 관리 시스템으로 RPM을 이용
CentOS	· RHEL의 복제 OS · RHEL의 상용 부분을 제거한 리눅스 배포판
Debian GNU/Linux	· Debian 프로젝트에서 개발한 리눅스 배포판 · 패키지 관리 시스템으로 deb 이용
Ubuntu Linux	· Debian을 기반으로 만들어진 리눅스 배포판 · 주로 개인 용도로 많이 이용

대표적인 배포판은 AWS 서비스의 EC2에서도 자유롭게 선택해 이용할 수 있다.

┃ 윈도우 서버

윈도우 서버는 마이크로소프트에서 출시한 서버용 OS다. 리눅스와 달리 OS 자체의 라이선스와 CAL(Client Access License)로 불리는 서버 이용 라이선스를 구매해야 한다.

윈도우 서버의 가장 큰 특징 중 하나는 GUI(Graphical User Interface)로 조작하며 일반적으로 사용되는 데스크톱 윈도우와 사용법이 비슷하다는 점이다. 기본적으로 CUI(Character User Interface)로 조작하는 리눅스 배포판에 비해 사용이 편하다.

또한 마이크로소프트 제품이므로 다른 마이크로소프트 제품과의 연계성과 AD(Active Directory)와의 연계, 충실한 지원 등 다양한 장점이 있다.

OS별 비교

리눅스와 윈도우 서버의 특징을 간략하게 정리하면 다음 표와 같다. 둘 다 장점이 있으므로 비용과 기능을 고려해 선택한다.

표 3-3 리눅스와 윈도우 서버 비교

항목	리눅스	윈도우 서버
도입 비용	기본 무료 이용 ※ 배포판에 따라 라이선스료가 있다	라이선스 수수료 외 CAL(Client Access License) 비용이 필요
필요 사양	상대적으로 낮은 사양에서도 동작	쾌적하게 사용하기 위해서는 고사양이 필요
인터페이스	주로 명령줄 인터페이스에서 명령어로 조작	주로 데스크톱과 같은 마우스로 조작할 수 있는 인터페이스
전문지식	명령어에 의한 조작이나 설정 파일 관리 등 전제 지식이 필요	데스크톱 윈도우와 비슷하므로 사용하기 전에 필요한 지식은 상대적으로 적다
지원	기본 지원 없음 ※ 유료 배포판은 지원이 있다	마이크로소프트 지원 시스템
기타	배포판이나 패키지를 자유롭게 선택할 수 있어 원하는 기능이나 특징을 구현할 수 있음	Active Directory 및 SQL 서버와 같은 마이크로소프트 소프트웨어와 연계성이 우수

서버 가상화

일반적으로 1대의 기기는 1개의 OS만 설치된다. 하지만 가상화 소프트웨어를 이용하면 하나의 하드웨어에서 여러 OS를 동작시킬 수 있다. 이를 **서버의 가상화**라고 하며 쉽게 이해하기 위해 다음과 같이 비유해 볼 수 있다.

- 물리 서버 = 단독 주택

- 가상 서버 = 아파트

- 하드웨어 = 건물

- OS = 가족

단독 주택은 그 건물에 사는 가족이 한 가족뿐이며 집안의 모든 방은 그 가족이 이용한다. 한편 아파트는 건물 내 여러 집이 존재하고 한 집에는 한 가족이 살 수 있으므로 한 건물 안에 여러 가족이 살 수 있다.

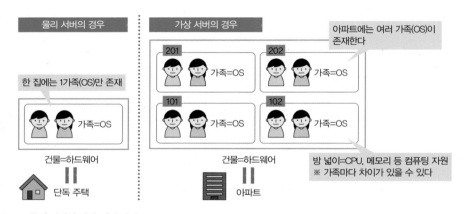

그림 3-5 물리 서버와 가상 서버 예시

가상 서버는 그림 3-5처럼 하나의 하드웨어에서 여러 OS를 이용할 수 있다. 하드웨어 안에서 방을 나눠 방마다 OS를 기동시킨다. 이처럼 하드웨어를 나눠 독립된 가상의 서버를 만드는 것이 서버 가상화다.

그림 3-6에서 볼 수 있듯이 가상화를 수행하는 서버는 가족별로 방의 크기=CPU나 메모리 같은 컴퓨팅 자원의 규모를 결정해야 한다. 실제 서버의 경우 OS 종류와 실행할 소프트웨어에 맞춰 자원 할당을 고려해야 한다.

전체적으로 얼마나 많은 가족이 살 수 있는지는 건물의 크기(실제 하드웨어 자원)에 따라 결정된다.

AWS에서의 가상화

AWS에서도 가상화 기술이 많이 사용된다. 대표적인 서비스로는 **Amazon Elastic Compute Cloud(Amazon EC2)**다. 자세한 내용은 다음 섹션에서 설명하겠지만, EC2는 AWS의 대규모 서버에서 가상화를 수행한다. 사용자는 사용 용도에 따라 OS의 종류나 CPU, 메모리 크기를 자유롭게 선택해 **인스턴스**(가상 서버)를 생성할 수 있다.

사용자는 본인이 사용하는 EC2가 가상 서버라는 것을 신경 쓰지 않아도 된다.

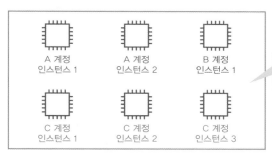

AWS가 보유한 대규모 서버에 여러 사용자의 EC2 인스턴스가 함께 존재한다

그림 3-6 AWS에서 제공하는 가상 서버 서비스 EC2

02 EC2로 가상 서버를 손쉽게 생성

키워드 ■ Amazon 머신 이미지(AMI) ■ 인스턴스 유형 ■ AWS Systems Manager ■ EC2 구매 방법

Amazon EC2는 가상 서버 서비스

Amazon Elastic Compute Cloud(이후 EC2)는 몇 분 만에 가상 서버를 생성할 수 있는 서비스다. 리눅스나 윈도우와 같은 OS는 AWS가 제공하는 것을 선택할 수 있다. 온프레미스에서는 하드웨어 준비부터 OS 설치까지 모두 사용자가 해야 하지만, EC2는 가상 머신을 생성할 때 OS를 함께 설치하므로 사용자는 가상 머신 사용 준비가 완료되면 바로 OS를 사용할 수 있다.

그림 3-7 EC2에서는 하드웨어와 OS가 준비된 상태로 시작

CPU나 메모리와 같은 서버의 사양도 사용자가 자유롭게 선택할 수 있고 머신을 생성한 후에도 변경(확장)할 수 있다. 데이터를 저장하는 스토리지의 용량도 사용자가 쉽게 변경할 수 있다. 자원의 변경이나 삭제를 쉽게 할 수 있으므로 부담 없이 서버를 생성해 테스트를 할 수 있고 여러 AZ에 배치해 가용성을 확보하는 설정도 사용자가 실시할 수 있다.

EC2는 가상 서버를 **인스턴스** 단위로 관리한다. 사용자가 인스턴스 유형(=가상 서버 사양)을 결정해 생성하면 인스턴스 유형과 이용 기간에 따라 이용 요금이 발생한다. 서버를 정지해두면 요금이 발생하지 않는다.

가상 서버 생성

EC2 인스턴스(가상 서버)를 생성하기 위해서는 다음 내용을 반드시 설정해야 한다. 인스턴스 생성 화면에서 각 설정을 선택만 하면 된다.

- Amazon 머신 이미지(AMI)

- 인스턴스 사양 (인스턴스 유형)

- 배포할 네트워크

- 데이터를 저장할 스토리지 용량

- 사용 권한 설정 (보안 그룹)

Amazon 머신 이미지(이후 AMI)는 OS와 소프트웨어가 설정된 템플릿이다. AWS에서 미리 준비한 AMI가 제공되며 사용자는 제공된 AMI 중 하나를 선택한다.

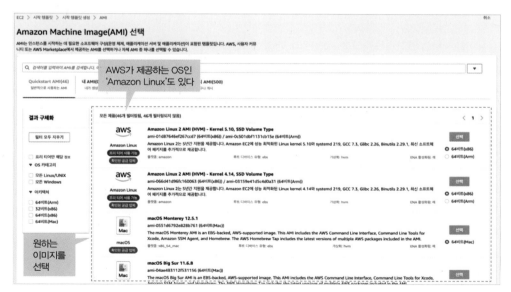

그림 3-8 미리 준비된 AMI에서 사용하고 싶은 이미지를 선택

인스턴스 유형을 선택하면 가상 서버의 성능이 결정된다. CPU와 메모리 용량이 함께 표시되므로 적절한 유형을 선택한다. 생성 후 변경도 할 수 있다.

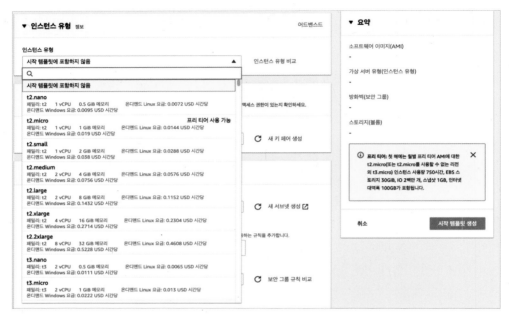

그림 3-9 가상 서버의 성능을 결정. 나중에 변경 가능

가상 머신이 위치할 네트워크는 사용자가 생성한 **VPC**를 선택하고 스토리지 용량(**EBS**)을 설정한 후 마지막으로 접근 권한 설정을 위해 **보안 그룹**을 선택한다. VPC, EBS 및 보안 그룹에 관한 자세한 내용은 뒤에서 설명한다. 여기서는 가상 서버를 만드는 데 필요한 몇 가지 설정을 설명한다.

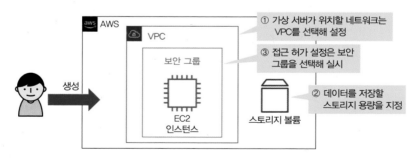

그림 3-10 가상 서버를 배치할 네트워크와 스토리지 용량을 선택

모든 설정을 선택하고 인스턴스를 생성하면 목록에 '실행 중' 상태로 표시된다.

인스턴스를 생성한 후에는 리눅스의 경우 SSH, 윈도우의 경우 원격 데스크톱 등 관리 시스템 기능을 이용해 연결할 수 있다. **AWS Systems manager**라는 EC2 인스턴스를 관리하는 서비스가 있으며 이 서비스를 이용해도 인스턴스에 연결할 수 있다.

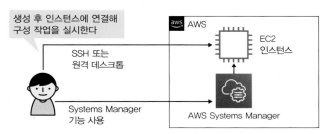

그림 3-11 네트워크로 가상 서버(인스턴스)에 연결해 조작

인스턴스 유형으로 서버 성능 결정

인스턴스의 성능은 인스턴스 유형 이름으로 알 수 있다. **인스턴스 유형 이름**은 다음과 같은 규칙으로 구성돼 있다.

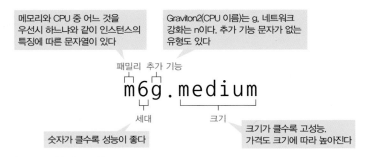

그림 3-12 EC2 인스턴스 유형 이름 규칙

패밀리(인스턴스 패밀리) 문자는 다음 표와 같다.

표 3-4 EC2 인스턴스 패밀리

패밀리	특징
T	버스트 가능한 범용 유형
M	균형 잡힌 범용 유형
C	컴퓨팅 최적화(vCPU 수가 많음)
R	메모리 최적화(메모리 탑재량이 많음)
P	고속 컴퓨팅
I	스토리지 최적화

T 유형 인스턴스는 베이스라인(Baseline)이라는 정해진 CPU 사용률이 정의돼 있으며 정의된 사용률을 초과해서(버스트) 이용할 수도 있다. 다만 일정량을 넘으면 베이스라인 이하의 성능이 되거나 추가 요금이 발생하므로 서비스 환경과 같이 상시 사용이 예상되는 환경에서는 M 유형의 인스턴스를 선택하는 편이 좋다.

온프레미스 환경에서는 기기를 구매하기 전에 기기 사양을 결정해야 하지만, 클라우드 환경에서는 인스턴스를 생성한 뒤에도 사양을 변경할 수 있으므로 서비스를 구축하거나 테스트하면서 인스턴스 유형을 결정할 수 있으며 운영 중이라도 적절하게 변경할 수 있다.

다양한 EC2 요금제

앞 장에서 소개한 것처럼 EC2는 이용 시간과 인스턴스 유형에 따라 요금이 발생한다. 일반적으로 사용하는 EC2 인스턴스를 **온디맨드 인스턴스**라고 한다.

1년 또는 3년간 요금을 선불로 지불하고 이용하는 **예약 인스턴스**도 있다. 온디맨드 인스턴스를 1년 또는 3년간 계속 사용하는 것보다 최대 72% 할인된다[1]. 이 구매 방법은 놀이공원의 연간 이용권과 비슷하다. 매일 일반 요금을 지불하고 놀러가는 것보다 미리 연간 이용권을 사서 가는 것이 비용을 아낄 수 있다.

2019년에는 **절감형 플랜(Savings Plans)**이라는 새로운 요금 모델도 등장했다. 예약 인스턴스와 마찬가지로 기간 약정 조건으로 할인받는 요금 모델이다. 절감형 플랜은 예약 인스턴스에 비

---

1   https://aws.amazon.com/ko/ec2/pricing/reserved-instances/

해 유연하게 요금을 설계할 수 있다. 예를 들어 예약 인스턴스에서는 인스턴스 패밀리와 크기를 지정해야 하지만, 절감형 플랜은 이를 지정하지 않고 여러 패밀리나 크기를 할당해 구매할 수 있다. 다양한 서비스를 운영해야 한다면 예약 인스턴스보다는 절감형 플랜이 유리하다.

그 외 예약 인스턴스보다 훨씬 저렴하게 구매하는 방법으로 **스팟 인스턴스**가 있다. AWS에서 이용하지 않는 자원을 활용해 인스턴스를 생성하고 최대 90%의 할인 가격으로 사용할 수 있는 요금 모델이다. 하지만 스팟 인스턴스는 용량을 반환해야 하거나 지정한 비용을 초과할 때 AWS 측에서 중지할 수 있다(중단 2분 전에 종료 공지 발행). 개발 환경과 같이 정지가 허용되는 곳에서 유용하게 활용할 수 있다.

표 3–5 EC2의 이용 용도에 따라 요금제를 선택할 수 있다

구매 유형	특징	이용 용도
온디맨드	일반 구매 방법. 이용 상황에 따라 요금이 변동	이용 상황에 변화가 있고 사용 예정 일을 모르는 경우
예약, Savings Plans	1년 또는 3년간의 이용 요금을 미리 지불, 온디맨드에 비해 최대 72% 할인	프로덕션 가동 등 1년 이상 사용할 예정이 있는 경우
스팟	이용하지 않는 부분을 이용, 예기치 않게 인스턴스가 정지될 수 있다. 온디맨드에 비해 최대 90% 할인	개발 환경과 같이 인스턴스를 중단해도 영향이 작은 경우

그 밖의 EC2 관련 요금

인스턴스 요금 외에도 네트워크 외부로의 데이터 통신, 데이터를 저장하는 스토리지(EBS, 자세한 내용은 4장의 섹션 05에서 소개) 등에서 요금이 발생한다.

대부분 인스턴스 요금에 비해 저렴하지만 많은 데이터를 저장하고 외부와 통신하는 경우는 신경 써야 한다. 구체적인 요금 계산 방법은 AWS 요금 페이지에서 확인할 수 있다.

▶ Amazon EC2 온디맨드 요금

https://aws.amazon.com/ko/ec2/pricing/on-demand/

03 가상 서버를 안전하게 외부에 공개

키워드 ▪ 퍼블릭 서브넷 ▪ 퍼블릭 IP 주소 ▪ 보안 그룹

서버 외부 공개

EC2에서 구축한 웹 응용 프로그램을 외부에 공개할 때 몇 가지 추가 설정이 필요하다. 공개된 응용 프로그램은 인터넷을 통해 PC나 스마트폰에서 접속해서 사용할 수 있어야 하기 때문에 EC2와 인터넷 간 통로를 설정해야 한다. 이 섹션에서는 생소한 네트워크 용어가 나올 수 있다. 네트워크 용어를 전혀 모르는 독자는 5장에서 설명할 네트워크 기초 지식을 먼저 읽는 것을 추천한다.

EC2를 인터넷에 공개하려면 다음 3가지 조건을 충족해야 한다.

▪ EC2를 **퍼블릭 서브넷**에 배치

▪ **퍼블릭 IP 주소**를 EC2에 부여

▪ **보안 그룹**에서 외부로부터의 접근을 허가

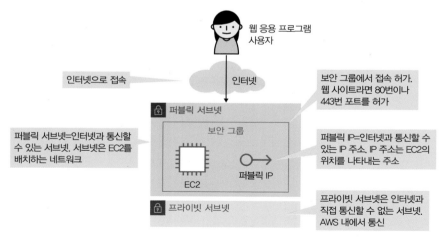

그림 3-13 EC2를 인터넷에 공개하는 데 필요한 조건

서브넷과 퍼블릭 IP는 5장에서 자세히 설명한다. 여기서는 인터넷과 통신하기 위한 네트워크 설정이라고 이해해 두기 바란다. 보안 그룹은 특정 인스턴스가 특정 주소 또는 특정 대역, 전체 인터넷과 통신할 수 있도록 규칙을 만들어 이 규칙에 따라 통신을 제어한다. 웹 서비스를 제공할 EC2 인스턴스를 전 세계에 공개하고자 한다면 전 세계에서 80 또는 443번 포트를 이용해 해당 인스턴스로 들어오는 통신을 허가해야 한다.

서버 접근 제어

어느 곳에서 어느 곳으로 접속을 허가할지에 대한 접근 제어는 **보안 그룹**을 이용한다. 보안 그룹은 온프레미스의 **방화벽** 기능을 수행한다.

외부에서 EC2로의 통신을 **인바운드 규칙**으로 정의하고 EC2에서 외부로의 통신을 **아웃바운드 규칙**으로 정의하며 둘 다 통신을 허용할 네트워크와 포트 번호를 지정한다. 포트 번호는 사용하는 통신의 종류에 따라 결정되는데, 예를 들어 리눅스 터미널 접속을 위한 SSH는 22번 포트, 웹 접속을 위한 HTTP는 80번 포트를 사용한다.

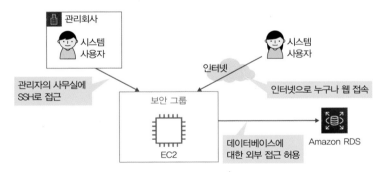

그림 3-14 EC2에 접근할 수 있는 출발지 및 통신 유형 설정

다음은 인바운드 규칙 설정 화면의 예다.

다음은 아웃바운드 규칙 설정 화면으로, 기본 설정은 외부로의 모든 트래픽(통신)을 허용한다.

보안 그룹에 규칙을 추가할 때 대상에 IP가 아니라 다른 보안 그룹을 지정하는 것도 가능하다. 예를 들어 EC2-A와 EC2-B 인스턴스가 있고, EC2-A에서 EC2-B로 통신을 허가해야 하는 경우 EC2-B의 보안 그룹에 EC2-A의 보안 그룹 ID를 지정하면 내부적으로 EC2-A의 IP가 지정돼 통신이 허가된다[2].

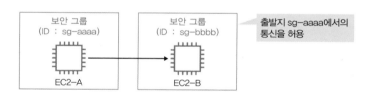

그림 3-15 특정 보안 그룹에서 통신을 허용하도록 지정 가능

보안 그룹에 ID를 설정하면 다음 그림처럼 표시된다.

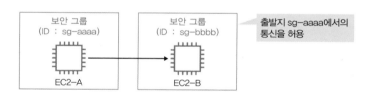

2 (옮긴이) EC2의 IP를 직접 입력하는 것보다 안전하다. 그룹 ID는 변경되지 않기 때문이다.

보안 그룹에 지정하는 규칙은 허용만 할 수 있다는 특징이 있다. 특정 네트워크로부터의 통신을 차단하도록 설정할 수는 없다. 차단 설정은 5장에서 소개할 네트워크 ACL(Access Control List - 접근 제어 리스트)이나 다른 접근 제어 기능에서 가능하므로 통신을 차단해야 하는 경우 해당 내용을 참고하기 바란다.

보안 그룹은 EC2 외에도 ECS, RDS와 같이 IP를 가지는 다른 서비스에서도 사용된다. 보안 그룹은 용도마다 따로 생성하고 키-값에 별칭을 잘 입력해 실수하는 일이 없게 하는 것이 좋다. 또한 불필요한 보안 그룹은 바로 삭제해야 한다. 서비스가 많아지면 그만큼 공개해야 할 포트도 많아지고 많은 보안 그룹을 관리하다 보면 사고로 이어질 수 있기 때문이다. 외부로 공개하는 서비스를 지키는 가장 기본적인 방법이므로 기본적인 사용법을 꼭 숙지해두기 바란다.

04 부하에 따라 서버를 자동으로 추가 · 삭제

키워드 ▪ Amazon EC2 Auto Scaling

서버 자동 추가 및 제거

Amazon EC2 Auto Scaling(이후 Auto Scaling) 기능을 사용하면 서버 추가 및 제거를 부하 상황에 맞게 자동으로 수행할 수 있다. 서버를 추가하는 것을 **스케일 아웃(Scale-out)**, 제거하는 것을 **스케일 인(Scale-in)**이라고 한다.

그림 3-16과 같이 **CPU 사용률**에 맞춰 서버를 추가하거나 CPU를 추가할 수 있다. 시작 템플릿에 Amazon 머신 이미지(AMI) 정보와 서버가 추가될 조건을 설정해두면 조건에 맞춰 서버가 자동으로 추가된다.

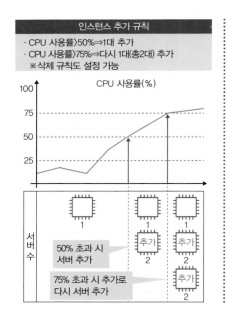
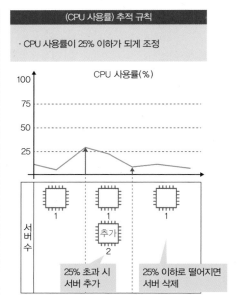

그림 3-16 CPU 사용률 등의 규칙을 지정해 서버를 자동으로 추가 · 삭제

목표 사용률을 지정해 지정한 값을 유지하게끔 인스턴스 수를 자동으로 조절하는 **대상 추적 조정 정책**이라는 기능도 있다. 예를 들어 평균 CPU 사용률을 50%가 되도록 목표를 지정하면 대상 추적 조정 정책은 CPU 사용률을 감시해 사용률이 50%를 넘으면 인스턴스를 추가한다. 반대로 CPU 사용률이 많이 내려가면 인스턴스를 줄인다. 이 기능은 무료로 제공된다. 사용자는 늘어난 인스턴스의 비용만 지불하면 된다.

서버 자원의 부하가 아닌 사용자 접속 수와 같은 기준을 이용한 자동 추가 및 삭제도 설정할 수 있고 일정을 세워 인스턴스 수를 조절하는 **스케줄 스케일**이라는 설정도 할 수 있다. 스케줄 스케일은 주말이나 연휴 등 접속자 수가 늘어나거나 줄어드는 것을 예측할 수 있다면 유용하게 사용할 수 있다.

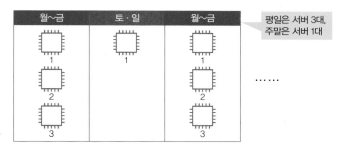

그림 3-17 예정된 이용 상황에 따라 추가 · 삭제

Auto Scaling은 장애 대비용으로도 사용된다. 지정된 인스턴스 수를 유지하는 기능이 있어 예기치 못한 장애가 발생해 인스턴스가 멈췄다면 자동으로 인스턴스가 새로 만들어진다.

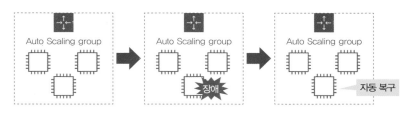

그림 3-18 Auto Scaling은 장애 대책용으로도 사용 가능

그 밖에도 서버 수의 수요를 예측하는 **예측 스케일링 기능**이나 인스턴스를 시작할 때 템플릿이 될 부팅 설정 **버전 관리** 등 많은 기능이 있다. AWS를 더 효율적으로 활용할 수 있는 기능이므로 꼭 익혀두기 바란다. Auto Scaling 기능은 EC2뿐 아니라 RDS나 ECS 같은 서비스에서도 사용할 수 있다.

05 서버 없이 프로그램 실행

서버리스 컴퓨팅 서비스 Lambda

AWS Lambda(이후 Lambda)는 **서버리스 컴퓨팅 서비스**다. OS 같은 인프라를 관리할 필요가 없으므로 사용자는 프로그램 코드를 준비하고 Lambda에 업로드만 하면 된다.

서버리스란 실제로 가동하는 서버가 없다는 뜻이 아니라 AWS에서 서비스가 실행될 인프라를 관리하므로 사용자가 관리할 서버가 없다는 것이다. 사용자는 인프라 관리를 AWS에 맡기고 코드 개발에만 집중하면 된다.

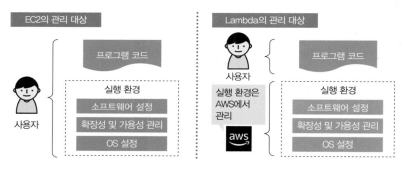

그림 3-19 EC2와 Lambda의 비교. Lambda는 실행 환경도 AWS에 맡긴다

2022년 1월 기준으로 Lambda는 다음 프로그래밍 언어를 지원한다.

- Node.js[3]
- Java
- Python
- PowerShell
- Ruby
- C#
- Go

---

3 JavaScript 실행 환경

이 외의 언어는 사용자 지정 런타임 기능으로 사용할 수 있다. 또한 2020년 12월에는 컨테이너 이미지 지원도 시작해서 사용자가 생성한 컨테이너 이미지를 Lambda에 배포할 수 있게 됐다. Lambda는 다음과 같은 장점이 있다.

- **보안**

  AWS에서 OS와 미들웨어 등의 기반 시스템을 모두 관리한다. 장애와 보안 패치 등도 모두 AWS 소관 하에 이루어지므로 이용자는 Lambda로 사용할 코드만 관리하면 된다.

- **비용**

  EC2는 사용하지 않아도 기동하고 있는 시간만큼 요금이 발생하지만, Lambda에서는 코드가 실행될 때만 요금이 부과되므로 비용을 절감할 수 있다.

- **가용성**

  AWS에는 물리적으로 독립된 여러 개의 가용 영역(AZ)이 있으며 Lambda는 복수의 가용 영역에서 실행된다. 예를 들어 처음 실행은 AZ-A에서, 두 번째는 AZ-C에서 실행될 수 있다. 사용자가 설정하지 않아도 고가용성, 장애 대응성이 유지된다.

- **확장성**

  Lambda는 동시에 다수의 처리를 해야 하는 경우 자동으로 AWS가 관리하는 처리용 인스턴스가 시작되면서 확장된다. 서울 리전의 동시 실행 수는 최대 1,000개이며 별도의 확장 신청을 통해 동시 실행 수를 늘리는 것도 가능하다.

Lambda의 장점을 보면 EC2가 아니라 Lambda만 사용하는 편이 더 좋겠다고 생각할 수 있지만, 모든 상황에 Lambda를 사용하기는 어렵다. EC2는 Lambda와 비교해 다음과 같은 장점이 있다.

- 온프레미스의 응용 프로그램을 AWS로 이전하는 경우 OS 설정 등을 그대로 사용할 수 있다.
- 인스턴스 유형, OS, 네트워크 등을 자유롭게 설정할 수 있는 유연성이 있다.
- 대량의 트래픽이나 접속을 상시 처리하는 경우 EC2쪽이 저렴해질 수 있다.
- 서버에 프로그램을 배포한다는 기존 방식으로 개발을 진행할 수 있다. Lambda는 AWS의 독자적인 설정 방법과 개발 방법이 있으므로 초보자에게는 어려울 수 있다.

실행 중인 응용 프로그램의 상황, 개발하는 조직의 기술 등 상황에 따라 적절한 서비스를 선택하는 것이 중요하다.

함수 생성 및 실행

Lambda에서는 **함수**라고 하는 단위로 프로그램 코드를 관리하고 처리한다.

함수는 AWS 관리 콘솔 및 여러 도구로 생성할 수 있다. '프로그램 코드를 작성하는 것만으로 실행할 수 있다'라는 것이 구체적으로 어떤 것인지 파이썬을 예로 함수 만드는 방법을 설명한다.

❶ Lambda에서 함수 생성을 선택한 후 원하는 함수 이름, 사용할 런타임(프로그래밍 언어 및 버전)을 지정하고 [함수 생성] 버튼을 누른다. 여기서는 Python 3.9를 선택했다.

그림 3-20 함수 생성

❷ 함수가 생성되면 브라우저 화면에 기본 프로그램 코드가 표시되고 편집할 수 있다.

그림 3-21 프로그램 코드 작성

❸ 작성한 함수는 브라우저 화면상에서 테스트 실행이 가능하다. ❷의 화면에 표시된 [테스트] 탭을 눌러 ❸화면이 표시되면 함수에 전달할 데이터를 JSON 형식으로 지정한다(이번에 실행할 기본값 코드는 이 JSON 데이터의 내용을 사용하지 않는다).

그림 3-22 함수 테스트 1

❹ 다시 [코드] 탭으로 돌아가 'Test' 버튼을 누르면 함수가 실행되고 실행 결과가 표시된다. 이번에는 기본 코드인 채로 'Hello from Lambda!'라고 하는 캐릭터 라인을 포함한 데이터를 표시하는 함수를 실행했다.

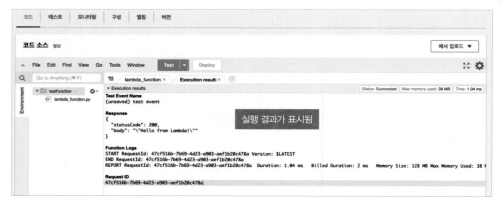

그림 3-23 함수 테스트 2

함수를 화면상에서 생성해 프로그램 코드를 쓰는 것만으로도 실행할 수 있다. 이렇게 별도의 환경을 준비하지 않고 쉽게 실행할 수 있다는 점이 Lambda의 매력 중 하나다. 단, 화면상에서 편집할 수 있는 코드는 파이썬이나 Node.js 등 컴파일이 불필요한 일부의 언어만 해당한다.

칼럼 JSON이란

JSON(JavaScript Object Notation)은 데이터를 표현하기 위한 데이터 교환 형식이다. 자바스크립트(JavaScript)의 객체(데이터) 표기 방법에서 유래하여 이러한 이름을 갖게 됐으며, 자바스크립트뿐만 아니라 많은 프로그래밍 언어와 AWS 서비스에서 이용된다.

JSON은 {}안에 키와 값을 콜론으로 구분해 작성한다. 하나의 {}안에 여러 개의 키-값 쌍을 정의할 수 있다.

```
{
    "key1" : "value1"
    "key2" : "value2"
    "key3" : "value3"
}
```

{ } 안에 다시 { }를 계층적으로 포함하거나 [ ]를 이용해 배열 값을 넣을 수도 있다. AWS에서도 자주 사용되는 데이터 표현 방식이므로 기본적인 표현 방법을 숙지해두기 바란다.

06 서버리스 활용법 이해

키워드 ▪ Lambda 사용 예 ▪ Lambda 추가 설정 및 모니터링 ▪ Lambda 사용 요금

AWS Lambda는 다른 서비스와 연계해 사용

앞 섹션의 함수 테스트에서는 사용자가 지정한 JSON 정보를 입력받아 함수를 수동으로 실행했다. Lambda 함수는 이처럼 입력받은 데이터를 처리하기도 하지만 다른 AWS 서비스와 연계해 사용자 접속이나 데이터 연동과 같은 처리를 자동으로 수행할 수도 있다. 몇 가지 예를 살펴보자.

사용자 요청에 따라 Lambda 함수 실행

Amazon API Gateway(이후 API Gateway) 서비스와 Lambda를 결합해 사용자의 HTTP 요청을 Lambda 함수로 처리할 수 있다. 이를 통해 간단한 웹 응용 프로그램도 만들 수 있다.

API Gateway는 사용자로부터 HTTP 요청을 받으면 GET과 같은 HTTP 메서드나 /api 등의 요청 경로에 대한 정보가 포함된 JSON 데이터를 Lambda 함수에 전달한다. Lambda 함수에서 응답 내용을 반환하도록 코드를 작성하면 API Gateway를 통해 응답을 반환한다. 웹 브라우저라면 웹 브라우저 화면에 응답 데이터가 표시된다.

API Gateway도 서버리스 서비스이므로 사용자는 서버를 구축하지 않고도 웹 응용 프로그램을 만들 수 있다.

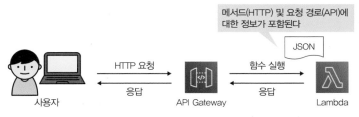

그림 3-24 API Gateway와 연계해 웹 응용 프로그램 구현

▌S3에 데이터를 저장할 때 자동 처리

Amazon S3(이후 S3) 버킷에 데이터가 저장되면 저장된 데이터를 Lambda로 자동 처리할 수 있다. 예를 들어 데이터에 포함된 정보를 가공해 다른 S3 버킷에 저장하는 등의 처리가 가능하다.

이 경우에도 S3 버킷이나 데이터 정보가 JSON 형식으로 Lambda 함수에 전달되므로 Lambda 함수에서는 이 데이터를 처리하도록 구현하면 된다.

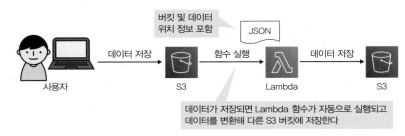

그림 3-25 S3와 결합해 저장된 데이터를 자동으로 가공

▌주기적으로 Lambda 함수 실행

매일 12:00 등 주기적으로 정해진 시간에 어떤 처리를 하고 싶다면 **Amazon EventBridge(이후 EventBridge)**라는 서비스와 Lambda를 연계해 구현할 수 있다. EventBridge에 규칙이라는 형태로 매일 실행할 내용을 정의해두고 실행 대상에 Lambda 함수를 지정하면 주기적인 실행이 가능하다.

매일 정해진 시간에 EC2를 중지하거나 시작하는 작업도 가능하다.

그림 3-26 EventBridge와 결합해 프로그램을 정기 실행

여기서 소개한 3개의 예 외에도 다양한 형태로 Lambda 함수를 구현할 수 있다.

AWS Lambda 추가 설정 및 모니터링

Lambda의 실행 환경은 일반적으로 AWS 측에서 관리하므로 사용자는 특별히 서버 설정에 관여하지 않아도 된다. 하지만 다음 3가지 설정은 사용자가 변경할 수 있다.

- **메모리 용량**

  함수 실행 시 사용할 수 있는 메모리 용량을 지정한다. 기본값은 최솟값인 128MB이며 최대 10,240MB까지 지정할 수 있다(리전에 따라 최댓값은 일부 다르다). CPU 값은 지정할 수 없으며 지정된 메모리 용량에 비례해 설정된다.

- **타임아웃 시간**

  함수가 실행되는 최대 시간이다. 이 시간이 지나도 실행되고 있는 경우 정지된다. 기본값은 3초이며 1~900초 사이로 지정할 수 있다.

- **환경 변수**

  환경 변수는 함수에 사용하는 외부 변수와 같은 개념이다. 가령 개발 환경과 서비스 환경이 서로 다른 데이터베이스를 사용해야 하는 경우, 환경 변수에 데이터베이스 접속 정보를 저장해두면 동일한 코드를 사용해도 서로 다른 데이터베이스를 이용할 수 있다. 즉, 환경마다 서로 다른 소스 코드를 만들지 않아도 된다.

그림 3-27 환경 변수를 이용한 개발

Lambda는 S3에 데이터를 저장하거나 EC2를 시작/중지하는 등 다른 AWS 자원을 조작하기 위한 목적으로 사용되는 경우가 많지만, 처음 Lambda 함수를 만들면 다른 서비스에 대한 조작 권한을 따로 부여해야 한다. Lambda 함수에 **IAM(Identity and Access Management)** 역할 형식으로 권한을 부여해야 한다. 이 IAM 역할은 사용자가 권한을 설정해 생성한다(IAM 역할에 대해서는 7장에서 설명한다).

예를 들어 S3 버킷에 데이터를 저장하는 처리를 해야 하는 경우 S3의 PutObject 권한을 가지는 IAM 역할을 만들어 Lambda 함수에 설정한다.

S3: PutObject를 허용하고
Lambda 함수로 설정

IAM 역할

데이터 저장

Lambda   S3

그림 3-28 Lambda에서 다른 AWS 자원을 사용하려면 권한 설정이 필요

앞에서 함수 테스트를 설명했을 때 작성한 Lambda 함수는 특별히 IAM 역할을 지정하지 않았다. IAM 역할을 지정하지 않으면 Lambda 기본 IAM 역할이 자동으로 만들어지고 설정된다. 자동으로 생성된 IAM 역할에는 **Amazon CloudWatch(이후 CloudWatch)**라는 감시 서비스로 로그를 보낼 수 있는 권한만 부여된다.

Lambda에 권한을 설정할 때는 처리 내용에 필요한 최소한의 권한을 설정하는 것이 중요하다.

| Lambda 함수 실행 상태 모니터링

Lambda 함수를 만들어 배포하면 AWS 모니터링 서비스인 CloudWatch에 다음과 같은 정보가 자동으로 전송되므로 사용자는 Lambda 실행 상황을 확인할 수 있다.

- 실행 횟수
- 실행 시간(최소/최대/평균)
- 오류 수와 실행 성공률

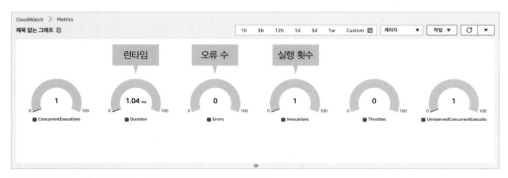

그림 3-29 CloudWatch에서 Lambda 함수의 실행 상태를 감시

실행 횟수와 같은 숫자 정보(Metric-지표)뿐만 아니라 함수가 출력하는 로그도 CloudWatch 로그로 자동 전송된다. 사용자는 여기서 자세한 함수 실행 내용을 확인할 수 있다.

그림 3-30 Lambda 함수의 자세한 실행 결과도 로그에서 확인 가능

CloudWatch를 사용하면 별도의 설정 없이 이러한 모니터링이 가능하지만 AWS의 다른 서비스나 외부 서비스를 결합하면 다양한 조건을 넣어 모니터링할 수 있다.

AWS Lambda 이용 요금

Lambda 이용 요금은 EC2와 같이 인스턴스가 실행되는 시간에 대해 과금되는 것이 아니라 요청 수와 처리 시간에 따라 청구된다. 서울 리전의 요금은 다음과 같다.

표 3-6 Lambda 서울 리전 요금

아키텍처	시간	요청
x86 요금		
처음 6십억GB-초/월	GB-초당 0.0000166667 USD	요청 1백만 건당 0.20 USD
다음 9십억GB-초/월	GB-초당 0.000015 USD	요청 1백만 건당 0.20 USD
다음 150억GB-초/월	GB-초당 0.0000133334 USD	요청 1백만 건당 0.20 USD
Arm 요금		
처음 75억GB-초/월	GB-초당 0.0000133334 USD	요청 1백만 건당 0.20 USD
다음 112억5천GB-초/월	GB-초당 0.0000120001 USD	요청 1백만 건당 0.20 USD
다음 187억5천GB-초/월	GB-초당 0.0000106667 USD	요청 1백만 건당 0.20 USD

출처: https://aws.amazon.com/ko/lambda/pricing/

GB-초라는 단위는 메모리 1GB의 함수가 1초간 실행된 경우의 요금이다. 메모리 할당이 512MB이면 실행 시간당 요금은 절반이 되고 실행 시간이 1밀리초이면 요금도 1/1,000이 된다.

> **예시**
>
> 메모리 용량을 1GB로 설정한 Lambda 함수를 150만 번 호출하고 회당 평균 실행 시간이 1초인 경우

요청은 100만 번의 1.5배(150만 번)가 되므로 0.20USD×1.5배=0.30USD다.

실행 시간은 0.0000166667USD×1GB×1초×150만 번=25.00USD다.

요청 요금 0.30USD와 실행시간 요금 25.00USD를 합해 25.30USD다.

하지만 Lambda에는 다음과 같은 프리 티어가 있다.

- 요청: 매월 100만 건 무료
- 실행 시간: 매월 40만GB-초 무료

이를 고려해 다시 계산해보면 다음과 같다.

- 요청

  0.20USD÷100만 번×(150만 번-100만 번(무료분))=0.10USD
- 실행 시간

  0.0000166667USD×(150만 GB-초-40만 GB-초(프리 티어))=18.33USD

프리 티어를 포함하면 총 요금은 18.4USD다.

예제에서는 150만 번이라는 많은 요청 수를 설정했지만, 검증 용도로 Lambda를 가볍게 이용하는 정도로는 요금이 발생하지 않는다고 생각해도 좋다. 다만 프로비전드 컨커런시(Provisioned Concurrency)라는 동시 실행 성능을 설정했을 때나 외부로 데이터를 전송하는 경우 별도 요금이 발생하므로 주의해야 한다.

07 컨테이너의 구조와 특징 이해

컨테이너란

최근에는 시스템 아키텍처를 구성할 때 컨테이너를 고려하는 경우도 늘고 있다. **컨테이너**는 서버 가상화와 비교되는 경우가 있는데 서버를 집으로 비유하고 서버에서 실행되는 응용 프로그램 프로세스를 집에 사는 거주자로 비유하면 가상화와 컨테이너는 각각 다음 그림과 같은 형태로 표현할 수 있다.

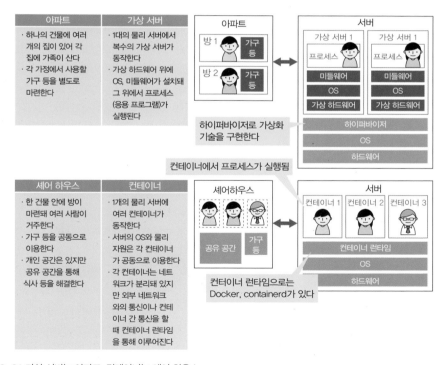

그림 3-31 가상 서버는 아파트, 컨테이너는 셰어 하우스

컨테이너는 어떤 응용 프로그램을 실행할지 미리 정의해둔 파일을 바탕으로 실행된다. 이것을 **컨테이너 이미지**라고 한다.

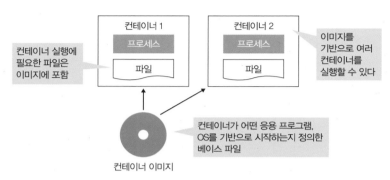

그림 3-32 하나의 컨테이너 이미지로 여러 개의 컨테이너 실행 가능

가볍고 빠른 컨테이너

컨테이너의 큰 특징 중 하나는 가상화에 비해 가볍고 빠르다는 것이다.

컨테이너 내에 포함된 것이 적기 때문이다. 가상 서버를 기동한다면 OS, 미들웨어, 응용 프로그램 등이 필요하다. 따라서 가상 서버 이미지에는 이러한 파일이 모두 포함된다. 반면 컨테이너는 응용 프로그램 프로세스만 시작된다. 컨테이너 이미지도 기본적으로 응용 프로그램을 실행하기 위한 의존성 패키지만 포함되므로 가상 서버에 비해 가볍다.

그림 3-33 컨테이너 이미지는 가상 머신 이미지에 비해 크기가 작다

그리고 가상 머신과 비교해 **빠르게** 시작된다. 가상 서버는 일반 서버와 마찬가지로 운영체제가 시작된 후 미들웨어, 응용 프로그램이 실행되는 형태다. 반면 컨테이너는 직접 응용 프로그램을 실행하기 때문에 전체적으로 응용 프로그램이 실행될 때까지의 속도가 빠르다. 처리 속도 역시 OS에 대한 오버헤드가 없는 만큼 가상 서버보다 **빠르다**.

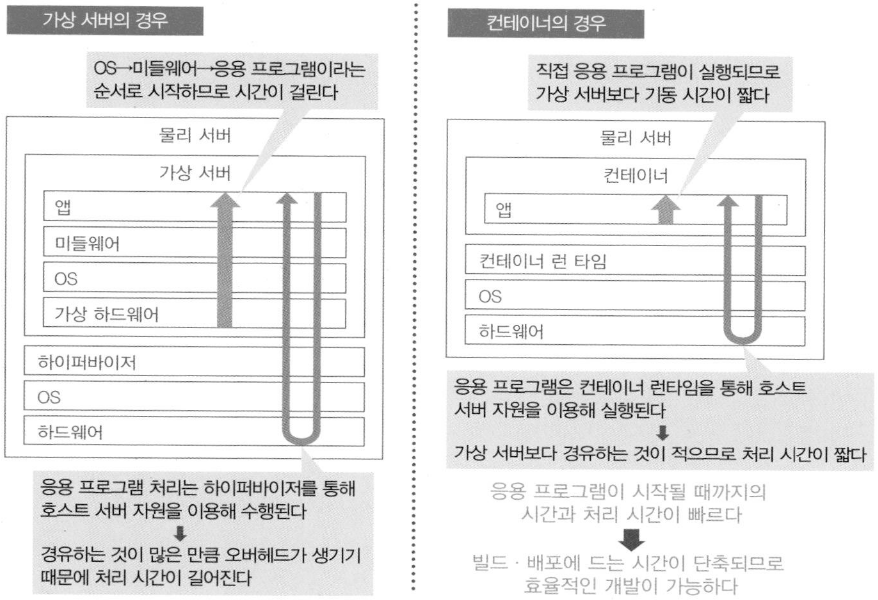

가상 서버의 경우

OS→미들웨어→응용 프로그램이라는
순서로 시작하므로 시간이 걸린다

물리 서버

가상 서버

| 앱 |
| 미들웨어 |
| OS |
| 가상 하드웨어 |

| 하이퍼바이저 |
| OS |
| 하드웨어 |

응용 프로그램 처리는 하이퍼바이저를 통해
호스트 서버 자원을 이용해 수행된다

경유하는 것이 많은 만큼 오버헤드가 생기기
때문에 처리 시간이 길어진다

컨테이너의 경우

직접 응용 프로그램이 실행되므로
가상 서버보다 기동 시간이 짧다

물리 서버

컨테이너

| 앱 |
| 컨테이너 런 타임 |
| OS |
| 하드웨어 |

응용 프로그램은 컨테이너 런타임을 통해 호스트
서버 자원을 이용해 실행된다

가상 서버보다 경유하는 것이 적으므로 처리 시간이 짧다

응용 프로그램이 시작될 때까지의
시간과 처리 시간이 빠르다

빌드·배포에 드는 시간이 단축되므로
효율적인 개발이 가능하다

그림 3-34 컨테이너는 기동과 처리 속도 모두 가상 서버보다 빠르다

배포의 용이성

컨테이너 이미지는 한번 생성하면 그 이미지를 다른 서버에서 바로 사용할 수 있다. 그리고 서로 다른 환경에서도 이미지 안의 내용은 바뀌지 않으므로 개발할 때 설정해둔 내용이나 사용한 라이브러리를 그대로 사용할 수 있다는 장점이 있다. 즉, 개발이 끝난 이미지는 어느 환경에서 사용해도 동일한 동작을 보장한다. 온프레미스 또는 EC2와 같은 '서버'에서라면 개발 환경과 상용 환경의 의존성 환경을 맞춰야 하며, 심지어는 개발자의 PC에도 동일한 라이브러리를 설치해 동작을 확인해야 하지만 컨테이너에서는 이런 작업이 불필요하다.

또한 컨테이너 이미지는 바로 압축 파일 형태로 내보내거나 가져오기를 수행할 수 있다. 그리고 이미지 리포지토리(Repository−저장소)를 이용해 이미지를 업로드하거나 내려받을 수도 있다.

주의할 점은 컨테이너는 기본적으로 '완성된 이미지'이므로 컨테이너가 종료되면 안에 저장된 내용이 사라진다는 점이다. 따라서 컨테이너가 실행될 호스트 서버의 디렉터리를 마운트해서 작업 내용을 저장하는 등의 처리를 해야 한다.

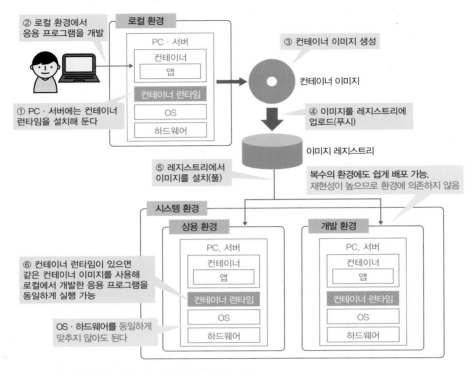

그림 3-35 컨테이너 이미지는 여러 시스템 환경에 쉽게 배포 가능

컨테이너 오케스트레이션

컨테이너를 이용해 실제 서비스를 운영할 때 각 기능을 컨테이너로 분리해 여러 컨테이너를 하나의 시스템처럼 유기적으로 결합해 사용하는 경우가 많다. 이때 컨테이너를 모두 따로 관리하려고 하면 관리 부하가 굉장히 높아진다.

예를 들어 컨테이너가 비정상적으로 종료될 때마다 사람이 직접 재시작을 해준다거나 시스템 부하에 따른 컨테이너 증가 감소 등의 관리까지 생각하면 운영 부하뿐만 아니라 관리 난이도도 높아진다.

컨테이너 오케스트레이션 도구를 이용하면 이러한 관리를 자동화해 운영 부하를 줄일 수 있다. 오케스트레이터는 컨테이너를 이용한 시스템 개발에 빼놓을 수 없는 존재가 됐다.

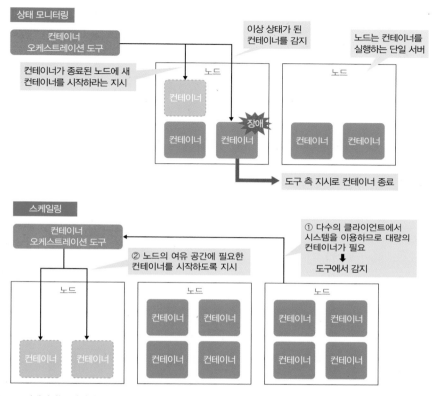

그림 3-36 컨테이너는 컨테이너 오케스트레이션 도구로 관리

08 ECS로 누리는 컨테이너의 장점

키워드   ■ Amazon ECS   ■ Amazon EKS   ■ Amazon ECR   ■ AWS Fargate

AWS의 컨테이너 오케스트레이션 서비스

AWS에서 컨테이너 시스템을 구축하는 경우 일반적으로 **Amazon Elastic Container Service(이후 ECS)**와 **Amazon Elastic Kubernetes Service(이후 EKS)**라는 두 가지 서비스 중에서 선택할 수 있다. 두 서비스의 가장 큰 차이점은 컨테이너 오케스트레이션 기능을 AWS가 담당하느냐, 쿠버네티스(Kubernetes)가 담당하느냐다. 먼저 ECS에 대해 알아보자.

ECS는 AWS의 관리형 컨테이너 오케스트레이션 서비스다. 컨테이너 오케스트레이션 도구를 구축하고 관리하기 위해서는 상당한 노력과 시간이 든다. 하지만 이 부분을 AWS에 모두 맡길 수 있다. 그리고 **Amazon Elastic Container Registry(이후 ECR)**라는 컨테이너 이미지 레지스트리 서비스도 제공한다. 이를 이용하면 사용자 정의된 컨테이너 이미지를 AWS에서 관리할 수 있고 ECS에도 쉽게 배포할 수 있다.

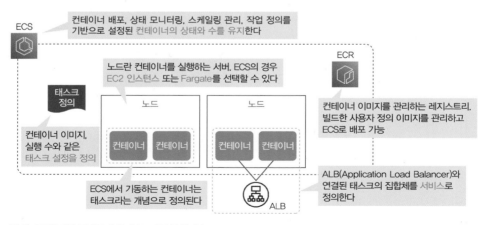

그림 3-37 관리형 컨테이너 오케스트레이션 서비스

EC2 와 Fargate

ECS를 이용해 컨테이너를 기동할 때 어떤 플랫폼에서 시작할지 선택할 수 있다. 선택 가능한 플랫폼은 **EC2**와 **AWS Fargate(이후 Fargate)** 두 가지다. EC2는 EC2 인스턴스 내에서 실행되는 컨테이너 런타임에서 컨테이너를 실행하는 타입이다. 이 경우 사용자가 컨테이너 런타임이 설치된 서버(EC2 인스턴스)를 관리해야 한다.

반대로 Fargate는 AWS에서 관리하는 서버에서 컨테이너를 실행한다. Fargate는 컨테이너 런타임, OS 버전업과 같은 서버 관리를 AWS에서 하므로 사용자는 컨테이너 이미지만 관리하면 된다. 서버의 컨테이너 런타임, OS와 같은 버전은 **플랫폼 버전(이후 PV)**으로 관리되므로 Fargate를 실행할 때 이 PV를 지정해야 한다. PV는 대략 1년 단위로 갱신되며 사용자는 버전 업데이트에 따른 대응을 해야 한다.

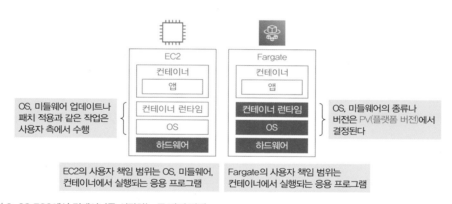

그림 3-38 ECS에서 컨테이너를 시작하는 두 가지 방법

노드(컨테이너를 실행하는 서버)에서 할당하는 하드웨어 자원의 할당 방법도 차이가 있다.

EC2의 경우 CPU/메모리를 늘리고 싶다면 인스턴스 타입을 적절한 것으로 변경하고, 스토리지를 늘리고 싶다면 스토리지(EBS)의 볼륨 크기를 확장하면 된다(EBS에 대해서는 4장에서 설명한다).

Fargate는 CPU와 메모리를 직접 할당할 수 있지만, 지정한 CPU 값에 따라 할당할 수 있는 메모리 크기가 정해져 있다. 스토리지는 사전에 Fargate 태스크 스토리지로 태스크 실행 시 할당되며 할당량은 PV에 따라 다르다.

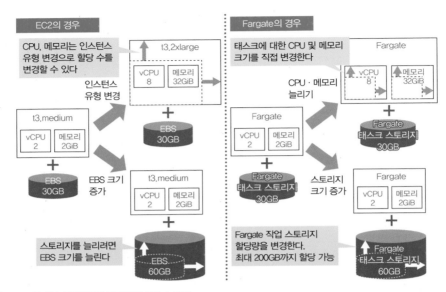

그림 3-39 컨테이너 플랫폼당 하드웨어 리소스 할당

표 3-7 Fargate에 할당할 수 있는 CPU별 메모리 크기

CPU	메모리
256(.25vCPU)	512(0.5GB), 1024(1GB), 2048(2GB)
512(.5vCPU)	1024(1GB), 2048(2GB), 3072(3GB), 4096(4GB)
1024(1vCPU)	2048(2GB), 3072(3GB), 4096(4GB), 5120(5GB), 6144(6GB), 7168(7GB), 8192(8GB)
2048(2vCPU)	4096(4GB)~16384(16GB)(1024[1GB] 단위로 늘릴 수 있음)
4096(4vCPU)	8192(8GB)~30720(30GB)(1024[1GB] 단위로 늘릴 수 있음)

1vCPU=1024CPU 유닛으로 환산돼
128(0.125vCPU) ~ 10240(19vCPU)까지의
범위에서 할당 가능

메모리는 MiB 또는
GB로 표현 가능

Fargate 장점

Fargate의 주요 특징은 AWS에서 서버를 관리한다는 점이다. EC2에서 컨테이너를 실행하면
OS 설정은 물론 컨테이너 런타임 관리, 보안 패치 등 정기적인 유지보수가 필요하지만 Fargate
를 이용하면 이러한 유지 보수 작업은 AWS에서 담당하므로 편하게 ECS를 사용할 수 있다.

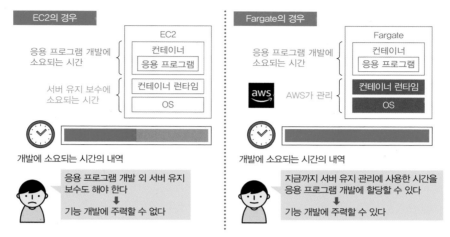

그림 3-40 Fargate에서는 서버 운영 비용을 절감할 수 있다

ECS의 요금 역시 플랫폼에 따라 차이가 있다. EC2를 이용하면 EC2 인스턴스 이용료를 지불하지만 Fargate를 이용하면 컨테이너가 이용하는 자원량에 따라 Fargate 전용 요금을 지불한다. Fargate가 약간 비싸지만 서버 측의 관리 비용을 줄일 수 있다는 이점을 고려하면 우려할 만큼 요금이 비싸지는 않다.

2vCPU, 4GB 메모리의 경우(서울 리전)		2vCPU, 16GB 메모리의 경우(서울 리전)	
Fargate	**c5.large**	**Fargate**	**r5.large**
0.034068 USD (=2x0.013968 USD+4x0.001533 USD)	0.096 USD	0.052464 USD (=2x0.013968 USD+16x0.001533 USD)	0.152 USD

Fargate 요금 계산

요금=태스크에 할당할 vCPU 수×1시간 단위의 vCPU 실행 단가+태스크에 할당할 메모리 수×1시간 단위의 메모리 실행 단가

쿠버네티스를 보다 쉽게 사용할 수 있는 서비스

이 섹션의 첫 부분에서 언급한 것처럼 AWS의 컨테이너 오케스트레이션 서비스로는 ECS와 **쿠버네티스(Kubernetes)**를 사용할 수 있는 EKS(Elastic Kubernetes Service)가 있다.

쿠버네티스는 구글에서 개발한 컨테이너 오케스트레이션 도구다. 현재는 CNCF(Cloud Native Computing Foundation)라는 단체에서 오픈 소스 소프트웨어로 공개하고 있다. 쿠버네티스의

제일 앞 글자 K와 마지막 글자 s 사이에 8글자가 있다고 해서 'k8s'로 표기하기도 한다. k8s 환경을 직접 구축해 이용하기 위해서는 필수 구성요소를 설치하고 관리해야 한다. k8s는 구축과 그 이후의 운영에 시간과 비용이 든다는 문제가 있지만, EKS를 이용하면 이런 문제를 해결할 수 있다.

기본적으로 AWS에서 컨테이너를 사용해야 한다면 ECS를 이용하는 것이 가장 무난하다. 하지만 구축하려는 시스템이 k8s 사용을 전제로 하는 경우라면 EKS를 사용해야 한다.

그림 3-41 EKS는 AWS에서 쿠버네티스를 사용할 수 있는 서비스

09 서버 지식 없이 사용할 수 있는 대표적인 서비스 5개

키워드 ■ AWS Lightsail ■ AWS Elastic Beanstalk ■ AWS App Runner ■ AWS Batch ■ AWS Outposts

용도에 맞게 사용할 수 있는 서비스 제공

EC2나 ECS, EKS는 구축의 자유도가 높고, 익숙해지면 어떤 시스템이라도 구축할 수 있다. 하지만 서버 지식 없이 자신이 만든 응용 프로그램을 바로 실행해보는 정도의 간단한 시스템을 바로 구축해보고 싶은 사용자를 위해 적절한 구성을 즉시 제공하는 컴퓨팅 서비스도 제공한다.

AWS Lightsail

AWS Lightsail(이후 Lightsail)은 일반적으로 자주 사용되는 구성의 가상 서버를 쉽고 빠르게 구축하기 위한 서비스다. 다음 그림과 같이 알기 쉬운 아이콘과 설명으로 구축 화면이 표시되고 순서대로 클릭해 가는 것만으로 간단히 지정한 소프트웨어가 설치된 가상 서버를 생성할 수 있다. 생성한 인스턴스에는 웹 브라우저를 통해 콘솔 접속을 할 수 있다.

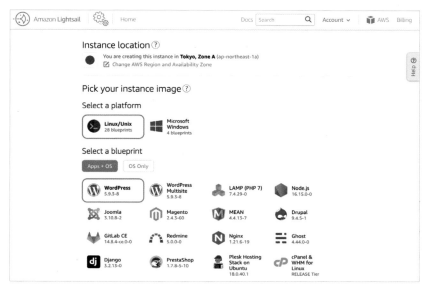

그림 3-42 Lightsail 구축 화면

서비스 자체는 단순하지만 여러 인스턴스를 만들면 자동으로 로드 밸런싱을 해주거나 SSL/TLS 인증서를 통한 통신 암호화도 대응하는 등 기본적인 기능은 제대로 준비돼 있다.

또한 데이터베이스나 컨테이너 환경 생성에 대응하는 것 외에도 VPC를 통해 다른 AWS 서비스와 연동할 수 있으므로 간단한 구성의 시스템은 Lightsail로 쉽게 구축할 수 있다. 하지만 EC2에서 구축할 때와 같이 미들웨어 버전을 고려해 설치하거나 ELB를 이용해 유연한 부하 분산을 설정하는 등의 자유도는 없다. Lightsail로 서버를 구축한 후 이러한 기능을 사용하고 싶을 때는 EC2로 마이그레이션을 해야 한다. AWS에서는 Lightsail에서 EC2로 마이그레이션하기 위한 기능도 제공한다.

AWS Elastic Beanstalk

AWS Elastic Beanstalk(이후 Beanstalk)은 Java, .NET, PHP, Python, Ruby, Go, Docker와 같은 주요 언어나 환경에서 개발된 응용 프로그램을 배포하기 위한 실행 환경을 자동으로 만들어주는 서비스다. 다음 그림처럼 목록에서 플랫폼을 지정해 응용 프로그램 코드를 업로드하면 EC2, RDS, S3와 같은 AWS 자원이 자동으로 구축되고 응용 프로그램이 배포된다.

그림 3-43 Elastic Beanstalk

EC2나 RDS와 같은 AWS 서비스가 이용되므로 사용자가 스스로 구축할 수 있는 시스템을 서버 지식 없이도 구축할 수 있다는 장점이 있다. 또한 여러 가지 배포 방식을 지원해 원하는 배포 방식으로 쉽게 배포할 수 있다는 특징도 있다.

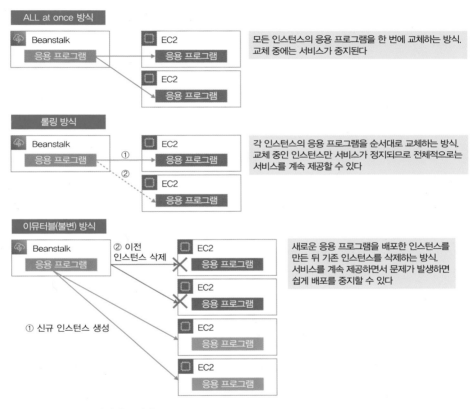

그림 3-44 Beanstalk 3가지 배포 방법

AWS App Runner

AWS App Runner(이후 App Runner)는 컨테이너화된 응용 프로그램을 손쉽게 배포하는 서비스다. 컨테이너 이미지를 지정하고 서비스 포트나 Auto Scaling과 같은 몇 가지 설정만으로 컨테이너를 Fargate에 배포할 수 있다. 2021년 5월에 추가된 비교적 새로운 서비스로 앞으로 활용성에서 큰 기대를 받고 있다.

AWS Batch

AWS Batch는 지정된 프로그램을 EC2나 Fargate에서 실행하는 서비스다. Lambda와 똑같아 보이지만 실행 프로그램의 순서 관리나 다수 프로그램의 병렬 구동과 같은 복잡한 제어에 특화된 서비스다.

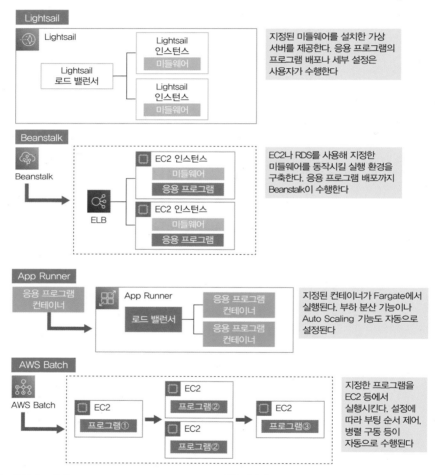

그림 3-45 Lightsail, Beanstalk, App Runner, AWS Batch 사용 이미지

AWS Outposts

마지막으로 지금까지 설명한 서비스와 조금 다른 서비스를 소개한다. **AWS Outposts**는 사용자가 온프레미스 환경에서 AWS와 같은 서비스를 실행할 수 있도록 AWS가 물리 서버를 대여하는 서비스다. 즉, AWS를 프라이빗 클라우드화해서 제공하는 서비스다.

AWS Outposts는 데이터 센터에 설치할 수 있는 서버 기기 세트가 제공되며 내부에는 EC2나 ECS, RDS, S3와 같은 서비스가 동작하게 만들어졌다. 이를 데이터 센터에 설치해 AWS와 인터넷으로 연결하면 데이터 센터에 AWS 일부 서비스를 가져온 것처럼 이용할 수 있다. 조금 어려운 표현이지만 AWS Outposts를 AWS의 새로운 가용 영역으로 사용할 수 있다.

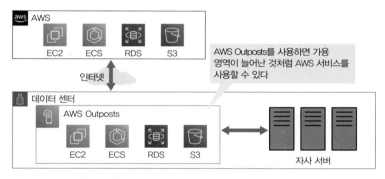

그림 3-46 AWS를 프라이빗 클라우드처럼 이용

그림과 작동 원리로 쉽게 이해하는

AWS 구조와 서비스

AWS의 전체 구조와 기술이 한눈에 들어오는
아마존 웹 서비스 핵심 가이드

Chapter
4

스토리지 서비스

스토리지는 데이터를 저장하는 장소다. AWS의 대표적인 스토리지 서비스인 S3의 특징과
기타 스토리지 서비스의 기본 기능을 소개한다.

01 Amazon S3는 데이터 저장 장소

키워드 ▪ 객체 스토리지 ▪ Amazon S3 ▪ S3 특징 ▪ S3 이용료

객체 스토리지

Amazon Simple Storage Service(이후 S3)는 AWS에서 제공하는 **객체 스토리지 서비스**다. **스토리지**란 데이터를 저장하는 장소를 말하며 객체란 텍스트 파일이나 음성 파일 같은 데이터를 말한다.

객체 스토리지는 기존의 파일 스토리지처럼 폴더 구조는 갖지 않고 객체 키로 데이터를 고유하게 식별해 데이터의 입출력과 관리를 수행한다. 키만으로 데이터를 관리하기 때문에 간편하게 대용량의 데이터를 저장하고 관리할 수 있다.

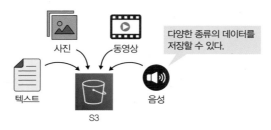

그림 4-1 S3는 데이터를 저장할 수 있는 서비스

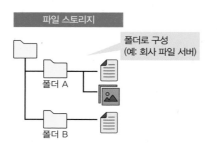

그림 4-2 객체 스토리지는 ID(키)로 데이터를 관리

S3는 AWS에서 시스템을 구축할 때 유용하게 사용할 수 있다. 정적 콘텐츠만 있는 단순한 HTML 페이지를 만들고 싶다면 동영상과 이미지, HTML 파일 등을 저장해 웹 사이트처럼 운영할 수 있고, 로그 분석 시스템을 만들기 위해 응용 프로그램의 로그를 실시간으로 저장하는 용도로 사용할 수도 있다. 객체 키만으로 관리되기 때문에 대량 로그 보존에도 충분히 이용할 수 있기 때문이다.

S3의 특징

S3는 다음과 같은 특징이 있다.

■ 용량 무제한

객체당 5TB라는 제약이 있지만 객체 수나 데이터 용량에는 제한이 없다.

■ 높은 내구성

일반적으로 데이터가 3개 이상의 AZ로 복사된다. 복사를 통해 데이터의 내구성을 높여주며 AWS에서는 99.999999999%라는 높은 내구성 수치를 보여준다.

■ 저렴한 비용

서울 리전의 표준 스토리지는 요금이 1개월당 0.025USD/GB다. 나중에 소개할 스토리지 클래스 변경을 통해 더욱 저렴한 요금으로 데이터를 저장할 수 있다.

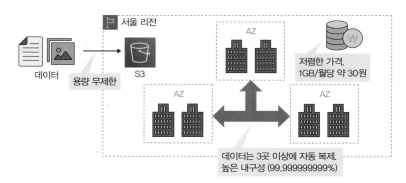

그림 4-3 S3는 용량 무제한, 뛰어난 내구성, 저렴한 비용이라는 특징이 있다

요금은 사용한 만큼만 발생하고 저장 용량의 제한이 없기 때문에 사용할 용량을 정하지 않고 부담 없이 이용할 수 있다.

다른 서비스와 연계

S3는 확장성과 내구성, 저렴한 비용이라는 큰 장점을 가지고 있어 AWS의 다른 서비스와 연계해 사용하는 경우가 많다.

예를 들어 Amazon VPC라는 네트워크 서비스의 로그(VPC 흐름 로그)나 콘텐츠 전송 네트워크 (CDN) 서비스인 Amazon CloudFront 접속 로그를 S3에 저장한다. EC2의 스토리지인 EBS의 스냅숏을 저장하기 위해 사용하기도 하고 기계 학습 서비스의 입력 정보를 저장하는 등 폭넓은 용도로 사용된다.

물론 사용자가 데이터를 S3에 직접 업로드하는 형태로도 이용할 수 있다.

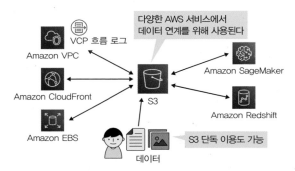

그림 4-4 S3는 다양한 서비스의 데이터 저장소로 이용

요금

S3는 데이터 저장 용량, 데이터 액세스 횟수, 데이터 전송량에 따라 요금이 발생한다.

표 4-1 S3 요금

품목	요금 (서울 리전)
데이터 저장[1]	0.025USD/GB
데이터 액세스 (업로드)	0.0045USD/1,000개당

---

1 처음 50TB/월의 요금으로 시작해서 그 이후부터 조금씩 저렴해진다.

품목	요금 (서울 리전)
데이터 액세스 (다운로드)	0.00035USD/1,000개당
데이터 전송 (S3→인터넷)[2]	0.126USD/GB

다음 예를 살펴보자.

- 1월 1일부터 15일까지 500GB의 데이터 저장

- 1월 16일부터 31일까지 900GB의 데이터 저장

- 1월에 업로드를 1,000회, 다운로드를 2,000회 실시

- 1월에 다운로드한 데이터는 총 200GB

이때 데이터 액세스 요금은 저장과 전송에 비해 매우 저렴하므로 여기서는 고려하지 않는다 (0.01USD 이하). 저장 및 전송 시 다음과 같은 요금이 부과된다.

- **데이터 저장:**
  (500GB×15일간×24시간+900GB×16일간×24시간)÷(31일간×24시간)=706GB(1개월 평균 사용량)
  706GB×0.025=17.65USD

- **데이터 전송:**
  (200GB−100GB (무료 분)×0.126=12.6USD
  합계: 30.25USD(1USD를 1,400원으로 계산하면 약 42,350원)

데이터 전송 요금이 저장 요금보다 높을 수 있으므로 대량의 데이터를 내려받을 때는 주의해야 한다.

요금에 대한 자세한 내용은 AWS 공식 페이지를 참조하기 바란다.

▶ Amazon S3의 요금
https://aws.amazon.com/ko/s3/pricing

---

2 처음 100GB와 인터넷→S3는 모두 무료다.

02 S3의 기본 용어 및 기본 조작

키워드 ■ 버킷 ■ 객체 ■ 키 ■ API

S3에서 사용되는 중요 용어

S3에 사용되는 중요한 용어를 설명한다.

■ **버킷**

객체(데이터)를 저장하는 장소다. 사용자는 버킷에 객체를 저장한다. 버킷의 이름은 전 세계(모든 리전)에서 고유해야 한다. 즉, 'test-bucket'이라는 이름으로 버킷을 생성한 후에는 다른 사용자를 포함해 모든 리전 및 모든 AWS 계정에서 같은 이름으로 버킷을 만들 수 없다.

■ **객체**

버킷에 저장된 데이터 본체다. 버킷에는 객체를 무제한으로 저장할 수 있지만 한 객체의 최대 크기는 5TB를 넘을 수 없다.

■ **키**

객체의 저장 URL 경로다. 버킷 이름과 키 이름, 객체 이름을 조합해 고유하게 설정된다.

그림 4-5 버킷, 객체, 키의 관계

S3는 객체 스토리지로 실제로는 폴더 구조가 아니지만 '/'라는 문자열을 구분자로 판단해 관리 콘솔에서는 폴더 구조처럼 객체가 표시된다.

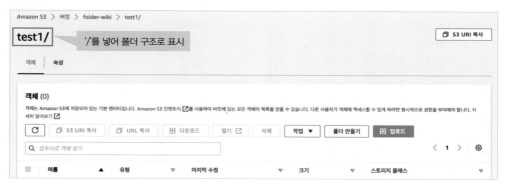

그림 4-6 관리 콘솔에서 폴더 구조처럼 표시

S3의 데이터를 브라우저나 프로그램에서 조작

S3는 데이터를 등록하거나 삭제하는 **API(Application Programming Interface)**를 제공하므로 이를 호출해 S3의 객체를 조작할 수 있다. API는 조작을 받아들이는 창구와 같은 역할로 공통의 창구를 이용해 브라우저나 프로그램 등 다양한 곳에서 데이터를 조작할 수 있게 한다.

표 4-2 API를 통한 S3 조작

GET	S3에서 데이터(객체)를 다운로드
PUT	S3에 객체를 업로드. 신규 업로드, 갱신(덮어쓰기)도 여기에 해당 하나의 PUT 작업은 최대 5GB까지이므로 더 많은 데이터를 업로드하는 경우 멀티 파트 업로드라는 기능을 이용해 여러 파트로 나눠 최대 5TB의 데이터를 업로드할 수 있다
LIST	S3 버킷의 객체 목록을 표시. 데이터 추출도 가능
COPY	S3 내에서 객체를 복사. 다른 버킷과 리전 간에 복사 가능
DELETE	S3 내에 있는 임의의 객체를 삭제

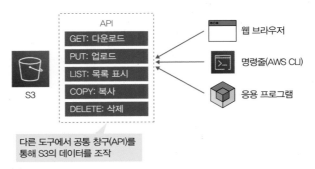

그림 4-7 S3 데이터는 API를 통해 브라우저 및 프로그램에서 조작 가능

관리 콘솔은 다음 그림과 같이 직관적으로 구성돼 쉽게 데이터를 내려받고 업로드할 수 있다. 업로드는 파일 드래그 앤드 드롭으로도 가능하다.

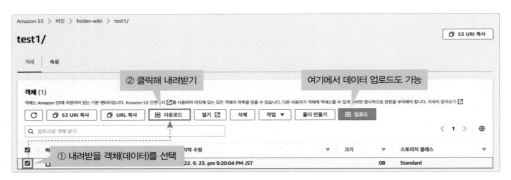

그림 4-8 화면에서 쉽게 다운로드와 업로드 가능

03 S3 데이터를 적절하게 저장

사용하지 않는 객체는 저렴하게 저장

S3는 비용(요금)과 가용성이 다른 여러 **스토리지 클래스**를 제공한다. 비용 효율성을 중시한 아카이브[3]용 스토리지인 **Amazon S3 Glacier(이후 S3 Glacier)**라는 스토리지 클래스도 있다.

표 4-3 데이터의 사용 빈도, 비용 등에 따라 스토리지 클래스 선택

스토리지 클래스	특징	저장 AZ	가용성
S3 Standard (표준)	기본 스토리지 클래스	3개 이상	99.99%
S3 Intelligent-Tiering	접근 빈도에 따라 4개의 접근 계층으로 자동으로 나눠 비용 절감	3개 이상	99.90%
S3 Standard-IA	표준보다 저렴하지만 데이터 검색 용량에 대한 요금 부과	3개 이상	99.90%
S3 One Zone-IA	1AZ에만 데이터를 저장. 데이터 검색에 요금 발생	1개	99.50%
S3 Glacier Instant Retrieval	보존은 One ZONE-IA보다 저렴하지만 꺼내는 비용이 많이 든다	3개 이상	99.90%
S3 Glacier Flexible Retrieval	보존은 S3 Glacier Instant Retrieval보다 저렴하지만 꺼내는 비용이 발생하고 시간이 걸린다(수분 또는 몇 시간)	3개 이상	99.99%
S3 Glacier Deep Archive	S3 Glacier보다도 저렴하지만 꺼내는 데 많은 시간(반나절 이상)이 걸린다	3개 이상	99.99%

- 표에 기재된 스토리지 클래스의 내구성은 모두 99.999999999%다.
- 가용성은 S3에 데이터를 업로드하거나 내려받는 등 사용할 수 있는가 하는 관점의 수치다. 또한 표에 기재된 가용성은 설계상의 값으로, 실제로는 이를 보장하지는 않는다.
- 스토리지 요금은 표준이 제일 높고 표 아래로 갈수록 저렴하다. S3 Glacier Deep Archive가 가장 저렴하다.

---

3 Archive. 보존을 목적으로 한다.

거의 사용하지 않지만, 만약을 위해 보존하고 싶은 데이터가 있다면 S3 Glacier Deep Archive 와 같은 저렴한 스토리지 클래스를 선택하는 것이 좋다. 반대로 웹 페이지에서 표시되는 콘텐츠 와 같이 언제든지 사용할 수 있어야 하는 데이터를 저장하려면 표준(STANDARD)을 선택한다. 사용 빈도, 요구되는 가용성 및 비용 요구 사항에 따라 최적의 스토리지 클래스를 선택해야 한다.

또한 S3에는 **수명 주기 설정**이라는 기능이 있어 자동으로 스토리지 클래스 변경도 가능하다. 예 를 들어 생성한 지 1년이 경과한 객체는 S3 Glacier Flexible 객체로 마이그레이션하는 설정을 할 수 있고 객체 삭제도 가능하다. 하지만 저비용(예: 표준→STANDARD-IA) 스토리지 클래스 로 마이그레이션하면 표준 클래스로 돌아갈 수 없다.

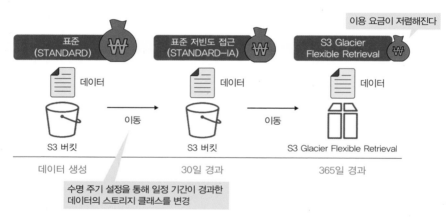

그림 4-9 이용 빈도에 따라 자동으로 스토리지 클래스를 변경하는 것도 가능

스토리지 클래스의 종류가 많아 어느 것을 사용하면 좋을지 모르겠다면 **S3용 액세스 분석기(S3 분석)**라는 기능으로 얼마나 접근이 있었는지 등 데이터의 접근 상황을 확인해 참고하면 된다. S3용 액세스 분석기에서 데이터 용량과 접근 상태를 확인한 다음, 스토리지 클래스를 결정하는 것도 좋은 방법이다.

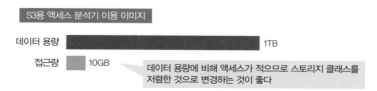

그림 4-10 데이터 액세스 상태는 S3용 액세스 분석기에서 확인 가능

버전 관리 및 다른 리전으로 복사

S3상의 데이터는 3곳 이상으로 복사되므로 AWS로 인해 데이터가 손실되는 경우는 거의 없다. 따라서 데이터 센터 장애와 같은 AWS 장애 대비를 위한 백업은 기본적으로 불필요하다(서울 리전 전체 장애 등을 고려한다면 필요하다).

하지만 사용자의 실수로 데이터를 삭제하거나 의도하지 않은 데이터 변경 가능성이 있다. S3에는 버전 관리 기능이 있어 이 기능을 활성화해 데이터를 복구할 수 있다. S3의 **버전 관리 기능**을 활성화하면 모든 세대의 객체에 대한 이력 정보가 보존된다. 객체 갱신 시(PUT)에는 기존 객체와 다른 새로운 버전 ID가 부여된다. 버전 관리 설정은 S3 버킷 단위로 할 수 있고 객체 단위의 설정은 불가능하다.

삭제 조작(DELETE)을 했을 경우 객체가 실제로 삭제되는 것이 아니라 삭제 마커가 부여된다. 해당 객체의 과거 버전은 유지된다. 삭제 마커가 부여된 객체에 GET 요청을 보내면 404 Not Found 오류가 반환된다. 버전 ID를 지정해 삭제하면 지정한 버전을 삭제할 수 있다.

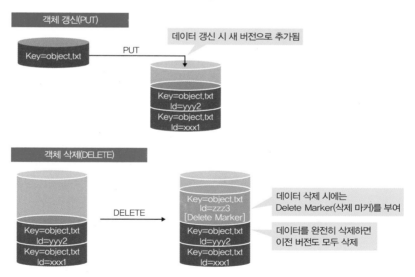

그림 4-11 S3 버킷 버전 관리 기능이 활성화된 경우의 동작

S3의 버전 관리는 사용자의 잘못된 조작으로 인한 파일 삭제나 변경을 복구할 수 있는 편리한 기능이지만, 각 버전은 별개의 객체로 보존되기 때문에 추가 요금이 발생한다. 앞에서 소개한 수명 주기 설정을 사용해 과거 버전을 일정 기간이 지나면 자동 삭제하는 방식으로도 운영할 수 있다.

또한 S3에는 해외 리전에 데이터를 복사하는 기능도 있어 이를 이용해 데이터의 내구성을 더욱 높일 수 있다. 데이터 저장 위치와 다른 리전에 복사하는 기능을 **교차 리전 복제(CRR–Cross Region Replication)**라고 한다.

시스템을 구축할 때 가용성을 위해 하나의 리전 전체가 재해를 당한 경우를 가정해 설계하는 경우가 있다. 이러한 재해에 대비하는 것을 재해복구(DR–Disaster Recovery)라고 부르는데, S3의 기능을 이용해 재해복구 대응이 가능하다.

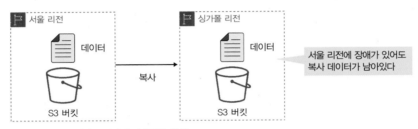

그림 4-12 해외 리전에 데이터를 복사해 가용성을 향상

현재 한국에는 서울 리전 하나밖에 없지만, 다른 곳에 추가 리전이 만들어진다면 국내 다른 리전에 데이터를 복사해 데이터 해외 이전을 하지 않고도 재해복구 대응이 가능하다.

04 S3 데이터를 안전하게 공개

키워드 ▪ S3 버킷 접근 제어 ▪ 웹 사이트 호스팅 기능 ▪ 데이터 암호화 ▪ AWS KMS

S3 버킷에 대한 접근 제어

S3 버킷에는 개인 정보와 같은 중요한 정보도 저장될 수 있으므로 허가받은 사람이 허가받은 객체에 올바르게 접근할 수 있도록 **접근 제어**를 하는 것이 중요하다.

S3 버킷의 접근 제어는 다음 세 가지 방법으로 구현할 수 있다.

- **사용자 정책 (IAM 정책)**

  데이터를 조작하는 쪽을 제어하는 설정이다. 'A는 S3 버킷의 데이터 검색만 가능하고 업로드는 불가'라는 식으로 사용자에 대한 권한을 설정할 수 있다.

- **접근 제어 목록(ACL)**

  객체(데이터) 또는 버킷 단위로 설정할 수 있는 접근 제어다. '데이터 A는 AWS 계정 X에 접근 허용', '데이터 B는 모든 사용자에게 접근 허용'과 같이 데이터별로 상세한 설정을 할 수 있다.

- **버킷 설정**

  버킷 단위로 설정하는 접근 제어다. 버킷 단위라고 해도 '파일 이름이 logs로 시작하는 데이터에 접근 허용', 'IP 주소 XX.XX.XX.XX로부터 접근 허가'와 같이 복잡한 설정을 할 수 있다. 설정은 JSON 형식으로 기재한다.

버킷 정책이나 ACL 설정 내용에 따라 객체를 전 세계에 공개하는 퍼블릭 상태가 되므로 주의가 필요하다. 의도적으로 공개하는 것이 아니라면 설정을 잘 확인해 외부 공개가 되지 않게 해야 한다. S3에는 **퍼블릭 액세스 차단**이라는 기능이 있어 의도치 않게 S3 버킷이나 객체가 공개 상태가 되는 것을 방지할 수 있다.

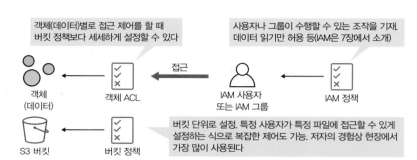

그림 4-13 S3 버킷에 대한 접근 통제는 세 가지 방법으로 가능

S3를 이용해 웹 사이트 구축

S3 버킷에 저장된 HTML, CSS, 자바스크립트 등의 콘텐츠 파일을 이용해 웹 사이트를 구축할 수 있다. S3의 **웹 사이트 호스팅 기능**을 활성화하면 **'http://버킷이름.s3-website-리전이름.amazon.com'**이라는 URL이 만들어지고, 브라우저에서 해당 URL로 접속할 수 있다. 앞에서 설명한 버킷 정책이나 객체 단위의 ACL을 이용해 특정 사용자만 콘텐츠에 접근하게 제어할 수도 있다.

S3는 암호화된 통신인 HTTPS를 지원하지 않으므로 민감한 정보가 포함된 사이트를 운영해야 하는 경우 콘텐츠 전송 네트워크(CDN) 서비스인 Amazon CloudFront를 함께 사용해 HTTPS 통신을 할 수 있게 구성한다.

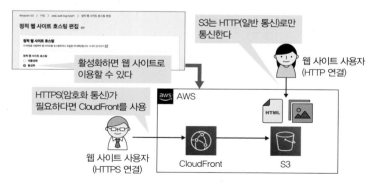

그림 4-14 S3 버킷을 웹사이트로 이용

데이터 암호화

데이터 암호화를 실시하면 데이터와 키 데이터를 조합해 데이터 내용을 타인이 볼 수 없게 한다. 키 데이터가 없으면 데이터를 읽을 수 없게 되고 키 데이터가 유출되면 타인이 데이터를 읽을 수 있게 되므로 키 데이터를 안전하게 관리해 데이터를 보호해야 한다.

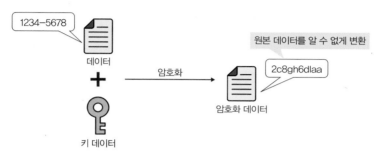

그림 4-15 데이터와 키 데이터를 조합해 암호화 데이터로 변환

S3에서는 버킷의 기본 암호화 기능을 활성화하면 객체를 저장할 때 AWS에서 자동으로 암호화를 수행한다. 암호화용 키는 AWS에서 제공하는 키 관리 기능인 **AWS Key Management Service(이후 KMS)**에서 생성한 키와 사용자가 관리하는 키가 있다. KMS 키를 사용하면 AWS 시스템 내에서 자동으로 암호화 처리를 수행하므로 사용자는 객체를 저장하기만 하면 된다.

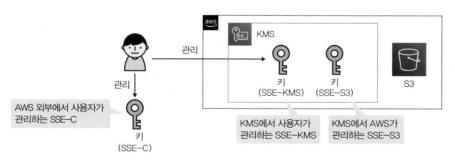

그림 4-16 AWS에서는 세 가지 암호화 키를 사용할 수 있음

암호화는 S3 관리 콘솔에서 간단하게 설정할 수 있다. 사용자가 관리하는 키(SSE-C)를 이용하는 경우 사전에 키를 준비해야 한다.

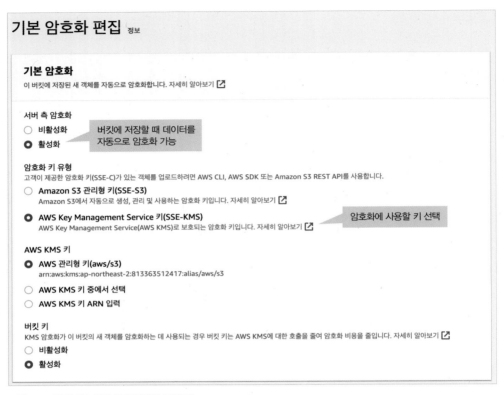

그림 4-17 관리 콘솔에서 쉽게 암호화 설정 가능

S3에서 제공되는 기능은 객체 저장 시 암호화이므로 S3로 전송할 때 암호화하고 싶다면 미리 데이터를 응용 프로그램에서 암호화해 전송해야 하는데, 이를 **클라이언트 측 암호화**라고 한다. 클라이언트 측 암호화에는 사용자 고유의 키나 KMS 키를 사용할 수 있다. S3의 API에 대한 접근은 기본적으로 HTTPS에서 수행되므로 통신은 모두 암호화된다.

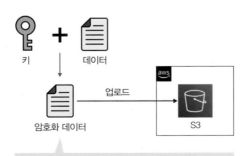

그림 4-18 업로드할 때 데이터를 보호하려면 미리 암호화

05 가상 서버 데이터 저장을 위한 EBS

키워드 ■ Amazon EBS ■ 볼륨 유형 ■ 스냅숏 ■ EBS 사용료

서버 데이터를 저장하는 EBS

Amazon Elastic Block Store(이후 EBS)는 EC2와 함께 사용하는 스토리지 서비스다. EC2의 HDD/SSD와 같은 역할을 하며 EC2에서 실행되는 응용 프로그램의 데이터, 로그, 설정 정보 등을 저장하는 데 주로 사용한다.

그림 4-19 EBS는 EC2(가상 서버)의 데이터 저장 장소

EC2 인스턴스를 생성할 때 기본적으로 하나의 EBS가 연결되며 추가 연결도 가능하다.

응용 프로그램에 따라 필요한 데이터의 읽기/쓰기 속도가 다른데, EBS에서는 필요한 속도에 따라 **볼륨 유형**을 선택할 수 있다. EBS의 쓰기/읽기 성능은 **IOPS**(Input/Output Per Second) 라는 초당 쓰기/읽기 횟수를 표현하는 단위를 사용한다.

표 4-4 EBS 볼륨 유형

볼륨 유형	개요
범용 SSD (gp2, gp3)	균형 잡힌 범용 타입으로 일반적인 용도로 사용
프로비저닝된 IOPS SSD (io1, io2, io2 Block Express)	고성능 스토리지가 필요한 경우 사용. 필요한 IOPS를 사용자 지정 가능
처리량 최적화 HDD(st1)	저비용 마그네틱 스토리지
Cold HDD(sc1)	st1보다 훨씬 저렴한 비용의 마그네틱 스토리지. 접근 빈도가 낮을 때 사용

특별히 요구되는 성능 사항이 없다면 범용 SSD를 선택하고 고성능 응용 프로그램을 실행하는 경우 프로비저닝된 IOPS SSD, 가능한 한 저렴하게 사용하고자 한다면 처리량 최적화 HDD나 Cold HDD를 선택한다.

서버 백업 및 이미지 관리

EBS도 스토리지이므로 장애가 발생해 데이터가 파손되거나 실수로 데이터를 삭제하는 등의 사고가 발생할 수 있다. 이를 방지하기 위해 **스냅숏**이라는 **백업** 기능을 지원한다. 스냅숏에는 스냅숏을 만들 당시 EBS에 보존하고 있던 모든 정보가 백업된다.

그림 4-20 장애에 대비해 EBS 백업을 확보

스냅숏은 EBS 볼륨으로 복구해 EC2에 다시 연결해 사용할 수 있고 스냅숏과 몇 가지 설정 정보 (아키텍처 정보 등)를 조합해 **사용자 전용 AMI**를 생성할 수 있다. 이렇게 생성한 AMI는 가상 서버를 생성할 때 사용할 수 있다.

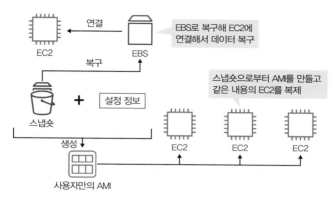

그림 4-21 스냅숏으로 데이터 복구 및 서버 복제 실시

EBS 요금 예

EC2 인스턴스는 정지 중에는 요금이 발생하지 않는다. 그러나 EC2와 세트로 사용되는 EBS는 용량을 확보한 순간부터 계속 요금이 발생한다. 즉, EC2가 중지돼 있어도 데이터를 저장하고 있는 EBS에는 계속 요금이 발생한다.

서울 리전에서 볼륨 유형 gp3(범용 SSD)를 선택하면 1개월간 1GB당 0.0912USD의 요금이 부과된다. 즉, 100GB의 EBS를 1개월간 이용한다면 9.12USD(1USD를 1,400원으로 계산하면 약 12,768원)가 된다. 월 사용 기간으로 계산되므로 15일간만 이용한다면 반액 정도의 요금이 발생한다.

데이터 보존량뿐만 아니라 IOPS(읽고 쓰기 횟수)나 데이터 처리 용량에도 요금이 발생하지만 데이터 보존에 비해 저렴하다. 하지만 읽기/쓰기가 대량으로 발생하는 경우에는 주의해야 한다.

볼륨 유형에 따라 요금 계산 방법이 달라진다. 자세한 내용은 AWS 공식 페이지를 참고하기 바란다.

▶Amazon EBS 요금

https://aws.amazon.com/ko/ebs/pricing/

데이터 공유, 백업 및 전송을 위한 서비스

 ■ Amazon EFS ■ Amazon FSx ■ AWS Storage Gateway ■ AWS Transfer Family ■ AWS Backup
■ AWS DataSync ■ AWS Snow Family

S3와 EBS 외 유용한 서비스

지금까지 소개한 S3와 EBS는 AWS에서 가장 기본적으로 사용되는 스토리지 서비스다. 자유롭게 사용할 수 있고 가용성이 높아 대부분의 상황에서는 이 2개의 서비스로 충분하다.

하지만 때에 따라서는 다른 선택지를 골라야 하는 경우도 있다. 여기서는 그 밖의 유용한 공유 스토리지 서비스와 스토리지 관리를 위한 편리한 서비스를 몇 가지 소개한다.

Amazon Elastic File System

EBS는 매우 빠르지만 하나의 EC2 인스턴스에만 연결할 수 있다. 그리고 S3는 많은 클라이언트가 동시에 사용할 수 있는 스토리지지만 HTTPS를 통한 API를 이용하므로 전송 속도가 그다지 빠르지 않다.

이를 해결하기 위한 서비스로 **Amazon Elastic File System(이후 EFS)**이 있다. EFS는 비교적 고속으로 데이터를 전송할 수 있는 NFS(Network File System)라는 프로토콜을 이용해 여러 EC2 인스턴스가 함께 이용할 수 있는 스토리지다.

물론 일반적인 NFS 프로토콜을 사용하기 때문에 ACL 설정만 잘 돼 있다면 온프레미스 서버나 로컬 PC에서도 마운트해서 사용할 수 있다.

Amazon FSx

Amazon FSx(이후 FSx)는 파일 서버를 구축하기 위한 서비스다. 주로 윈도우에서 사용되는 파일 공유 프로토콜인 SMB(Server Message Block)를 이용하는 **Amazon FSx for**

Windows File Server와 대규모 클러스터 컴퓨팅, 슈퍼컴퓨터 등에서 사용되는 Lustre라는 고성능 파일 시스템을 이용하는 **Amazon FSx for Lustre** 2종류가 제공된다.

SMB는 윈도우뿐만 아니라 리눅스 및 맥OS도 지원하므로 다른 OS에서도 공유 파일 서버를 이용하고 싶다면 Amazon FSx for Windows File Server를 선택지로 할 수 있다.

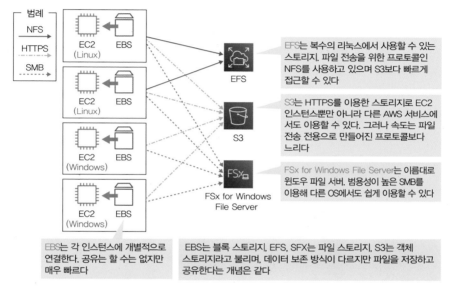

그림 4-22 S3, EBS, EFS, FSx 각각의 특징

과금 체계가 다르므로 단순한 비교는 어렵지만 과금의 대상인 '보관되는 데이터양'을 바탕으로 비용을 비교하면 S3가 압도적으로 저렴하다. 평소 사용하지 않는 백업이나 거대한 데이터는 기본적으로 S3에 보존하는 것을 추천한다.

- **저장된 데이터양 1GB당 월 금액(서울 리전)**

  S3: 0.025USD, EBS: 0.0912USD, EFS: 0.09USD, FSx: 0.148USD

AWS Storage Gateway(이후 Storage Gateway)는 온프레미스에 서버 기기 혹은 가상 서버에 설치해서 온프레미스 기기와 AWS의 S3, FSx, EBS를 직접 연결하는 서비스다. 그림 4-23과 같은 구성이다. 온프레미스 기기에서 Storage Gateway는 NFS나 SMB로 연결하는 스토리지처럼 처리되므로 직접 AWS 서비스와 데이터를 교환하는 것보다 빠르다.

AWS Transfer Family

AWS Transfer Family는 S3, EFS, HTTP, NFS가 아닌 SFTP(Secure File Transfer Protocol), FTPS(File Transfer Protocol over SSL), FTP(File Transfer Protocol)와 같은 FTP 기반 프로토콜로 통신하기 위한 서버를 구축하는 서비스다. FTP는 예전부터 이용되는 파일 전송 프로토콜로 예전 시스템은 아직 이 프로토콜을 사용하는 경우가 많다. 이러한 시스템을 AWS로 마이그레이션할 때 응용 프로그램의 FTP를 사용하는 부분은 그대로 두고 전송 대상을 가용성 높은 S3 또는 EFS로 변경할 수 있다.

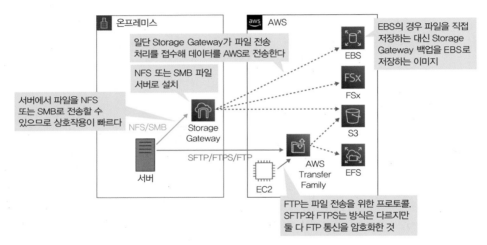

그림 4-23 Storage, Gateway, Transfer Family의 특징

AWS Backup

AWS Backup은 이름처럼 AWS의 EBS, EFS, FSx와 같은 스토리지, RDS나 DynamoDB와 같은 데이터베이스의 데이터를 백업하는 서비스다.

백업 규칙을 설정하면 백업이 자동으로 실시된다. 백업은 S3에 저장되므로 가용성과 내구성이 매우 높다.

AWS DataSync

AWS DataSync(이후 DataSync)는 온프레미스와 AWS 혹은 AWS 스토리지 서비스 간 데이터 전송을 위한 서비스다. 온프레미스 서버에 DataSync라는 에이전트를 설치해 S3, EFS, FSx와 같은 스토리지 서비스와 간단히 데이터를 주고받을 수 있다. 전송 속도는 최대 10Gbps(초당 10G비트의 데이터 전송 속도)이며 통신 암호화 기능, 전송한 데이터의 무결성 체크 기능도 있어서 안전하고 빠르게 데이터를 전송할 수 있다.

AWS Snow Family

온프레미스 데이터를 AWS로 전송하는 경우 소량의 데이터라면 문제없지만 테라바이트(TB) 단위의 데이터를 전송할 때는 시간이 오래 걸린다. 예를 들어 100TB의 데이터를 1Gbps의 인터넷 회선을 이용해 AWS로 전송한다면 약 10일이 걸린다. 게다가 인터넷 회선은 계약상 1Gpbs라고 해도 항상 최고 속도가 나오는 것이 아니다. 50%~80%의 속도가 나오면 일반적으로 안정된 회선이라고 하므로 이를 고려해 50%의 속도로 전송한다면 100TB의 데이터 전송에는 약 20일이 걸린다. 이러한 데이터 전송을 최대한 빨리하기 위한 서비스가 **AWS Snow Family**다.

Snow Family는 물리 스토리지를 AWS에서 빌려 거기에 데이터를 저장하고 AWS로 반환하면 해당 데이터를 직접 AWS 내의 스토리지에 옮겨주는 서비스다. 물리 스토리지 발송을 위한 시일이 소요되지만 최대 100PB(페타바이트. 1PB=1,024TB)의 데이터를 몇 주 만에 전송할 수 있다.

AWS Snow Family에는 3가지 용량의 스토리지가 준비돼 있어 용도에 따라 선택할 수 있다. 최대 용량인 **AWS Snowmobile**은 총 14m 길이의 트레일러에 적재된 대량의 스토리지에 100PB의 데이터를 저장해 수송할 수 있다. 중요한 데이터이므로 GPS 추적과 24시간 촬영하는 감시 카메라를 설치하는 등 보안도 철저히 제공한다.

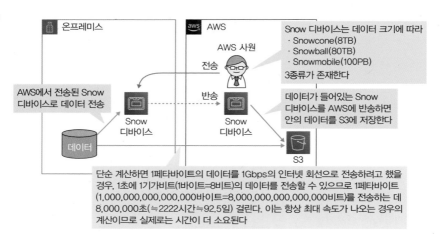

온프레미스

AWS에서 전송된 Snow
디바이스로 데이터 전송

데이터

AWS

AWS 사원

전송

반송

Snow
디바이스

Snow
디바이스

S3

Snow 디바이스는 데이터 크기에 따라
· Snowcone(8TB)
· Snowball(80TB)
· Snowmobile(100PB)
3종류가 존재한다

데이터가 들어있는 Snow
디바이스를 AWS에 반송하면
안의 데이터를 S3에 저장한다

단순 계산하면 1페타바이트의 데이터를 1Gbps의 인터넷 회선으로 전송하려고 했을
경우, 1초에 1기가비트(1바이트=8비트)의 데이터를 전송할 수 있으므로 1페타바이트
(1,000,000,000,000,000바이트=8,000,000,000,000,000비트)를 전송하는 데
8,000,000초(≒2222시간≒92.5일) 걸린다. 이는 항상 최대 속도가 나오는 경우의
계산이므로 실제로는 시간이 더 소요된다

그림 4-24 대용량 데이터를 전송할 때 물리적 스토리지를 사용하는 서비스

Chapter 5

네트워크 및
콘텐츠 전송 서비스

AWS를 다루는 데 있어 빼놓을 수 없는 VPC를 비롯해 확장 가능하고 편리한 네트워크 서
비스를 네트워크의 기초 지식과 함께 설명한다.

01 네트워크 중요 용어 익히기

키워드 ■ IP 주소 ■ CIDR ■ 방화벽 ■ 부하 분산 ■ 라우팅 ■ DNS

IP 주소(Address)는 네트워크의 번지(주소)

브라우저를 통해 웹 사이트에 접속할 때 우리에게 보이는 웹 페이지는 실제로 어느 주소에 존재하는 '웹 사이트를 호스팅하는 서버(이후 웹 서버)'에 접속해서 취득한 웹 페이지 정보다.

그렇다면 웹 서버는 어디에 존재하는 것일까? 웹 서버는 데이터 센터에 있을 수도 있고 AWS와 같은 클라우드 서비스에 있을 수도 있다. 그리고 웹 서버에 접근하기 위해서는 웹 서버가 그곳에 있다는 특정 정보가 필요하다. 이것이 **IP 주소**다. 웹 사이트에 접속할 때는 이 IP 주소를 바탕으로 위치를 특정해 그곳에 있는 웹 서버에 접속한다.

그림 5-1 네트워크상의 장소는 IP 주소로 접근

웹 서버뿐만 아니라 PC, 스마트폰 등 네트워크와 연결된 모든 장치에는 IP 주소가 할당된다.

일반적으로 IPv4가 표준으로 사용된다.

1개의 숫자는 0~255까지
256(=2^8)개의 범위를 갖는다

192 . 168 . 1 . 1

IPv4는 네 개의 숫자가
마침표로 구분된 형식

2^8개의 숫자가 4개 있는 조합이므로
$2^{8×4}$=2^{32}개의 IPv4 주소가 존재한다

그림 5-2 IP(v4) 주소는 4개의 숫자를 점으로 구분해 표시

IPv4 외에 IPv6도 있다. IPv4는 주소가 2^{32}개(=약 43억 개) 존재하는 데 비해 IPv6 주소는 2^{128}개(=약 340억 개)가 존재한다.

최근 IPv4만으로는 주소를 할당할 수 없을 정도로 서버나 인터넷에 접속하는 기기가 많아져서 대체할 수 있는 IPv6가 주목받고 있다. 하지만 IPv6는 아직 보편적으로 보급되지 않았고 기존에 사용하던 기기가 IPv4만 지원하는 경우가 대부분이므로 여기서는 IPv4만 설명한다.

퍼블릭 IP 주소와 프라이빗 IP 주소

IP 주소는 두 가지로 구분할 수 있다. 하나는 한국 또는 전 세계에서 '이 주소는 인터넷에서 이곳'이라고 특정할 수 있는 주소다. 이를 **퍼블릭 IP 주소** 또는 글로벌 IP 주소라고 한다[1].

다른 하나는 **프라이빗 IP 주소**[2]다. 퍼블릭 IP 주소는 전 세계에서 식별할 수 있는 주소지만, 프라이빗 주소는 닫힌 네트워크[3](근거리 통신-LAN) 내에서만 식별할 수 있는 IP 주소다.

---

1 (옮긴이) 공인 IP라고도 한다.
2 (옮긴이) 사설 IP라고도 한다.
3 (옮긴이) 폐쇄망, 내부 네트워크라고도 한다.

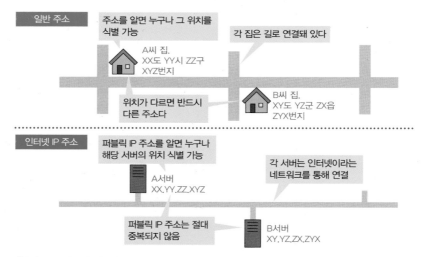

그림 5-3 퍼블릭 IP 주소는 전 세계에서 접근 가능

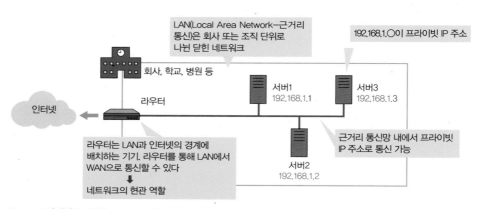

그림 5-4 프라이빗 IP 주소는 LAN 내에서만 접근 가능

프라이빗 IP 주소로 사용할 수 있는 범위는 다음과 같다.

- 10.0.0.0 ~ 10.255.255.255(10.0.0.0/8)

- 172.16.0.0 ~ 172.31.255.255(172.16.0.0/12)

- 192.168.0.0 ~ 192.168.255.255(192.168.0.0/16)

퍼블릭 IP 주소는 이 주소를 제외한 나머지 주소다.

CIDR 블록으로 IP 주소 범위 결정

다음 그림과 같이 IP 주소를 이용해 네트워크 범위를 정의하는 것을 **CIDR**[4] **블록**이라고 한다.

IP 주소를 나타내는 숫자열은 크게 **네트워크** 부분과 **호스트** 부분으로 나눌 수 있다. 네트워크 부분은 문자 그대로 네트워크를 정의하고 호스트 부분은 그 네트워크 내의 호스트, 즉 네트워크 안에서 접속할 수 있는 서버 등을 나타내는 부분이다.

다음 그림에서 '/16'을 서브넷 마스크라고 하며 IP 주소를 사용해 네트워크 범위를 정의한다면 보통 이 표기를 사용한다.

그림 5-5 IP 주소 다음에 '/(슬래시)'와 숫자로 네트워크 범위를 표기

방화벽에서 허용된 통신만 통과

인터넷을 통해 전 세계의 다양한 웹 사이트나 서비스에 접속할 수 있지만 전 세계와 연결된다는 것은 각종 악성 코드나 해커의 침입에 노출된다는 뜻과도 같다. 이런 보안 위협으로부터 시스템 을 지키기 위해 사용하는 것이 **방화벽**이다.

---

4 (옮긴이) Classless Inter-Domain Routing. 클래스 없는 도메인 간 라우팅 기법으로 1993년에 도입됐다. '사이더'라고 발음한다.

방화벽은 이름에서 알 수 있듯이 화재(보안 위협)가 발생했을 때 화재로부터 자산(시스템)을 지키는 역할을 한다. 하드웨어 형태의 방화벽도 있고 소프트웨어 형태로 서버에 설치돼 동작하는 방화벽도 있다. 일반적으로 사용하는 윈도우 PC에도 '보안 센터' 설정을 보면 방화벽이 설치돼 동작하고 있다. AWS에서는 보안 그룹이나 네트워크 ACL 같은 방화벽 기능을 가진 서비스가 있다. AWS의 방화벽 관련 서비스는 이후에 설명한다.

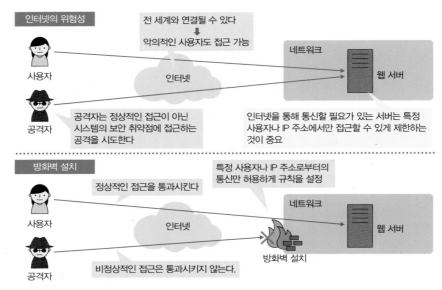

그림 5-6 방화벽에서 잘못된 통신, 허가되지 않은 통신을 차단

부하 분산을 위해 여러 서버에 접속을 분배

많은 사용자가 사용하는 시스템을 구축한다면 **부하 분산**을 고려해야 한다. 시스템을 사용하는 사용자가 많아질수록 서버의 부담은 커진다. 서버 1대당 한 번에 처리할 수 있는 접속자 수는 정해져 있기 때문에 한 번에 많은 사람이 몰리면 CPU나 메모리의 사용량이 증가해 서버가 느려지고 최악의 경우 서버가 멈출 수도 있다. 이는 서비스 사용자에게 큰 영향을 준다.

이런 상황을 막기 위해 서버를 여러 대 구성해 각 서버가 처리를 나눠서 할 수 있게 구축해야 한다. 이렇게 부하를 분산시키기 위해서 일반적으로 **로드 밸런서(Load Balancer)**라는 장치를 사용한다.

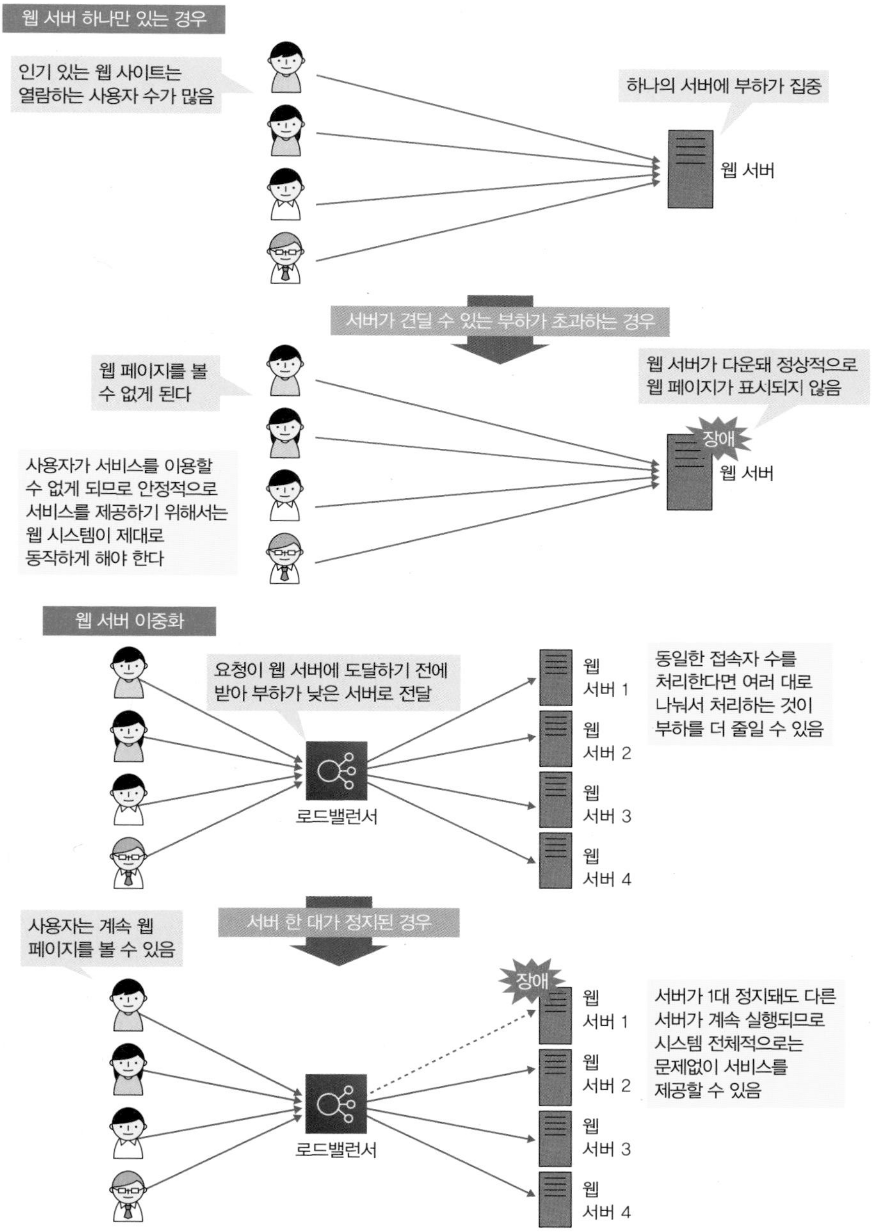

웹 서버 하나만 있는 경우

인기 있는 웹 사이트는
열람하는 사용자 수가 많음

하나의 서버에 부하가 집중

웹 서버

서버가 견딜 수 있는 부하가 초과하는 경우

웹 페이지를 볼
수 없게 된다

웹 서버가 다운돼 정상적으로
웹 페이지가 표시되지 않음

장애

웹 서버

사용자가 서비스를 이용할
수 없게 되므로 안정적으로
서비스를 제공하기 위해서는
웹 시스템이 제대로
동작하게 해야 한다

웹 서버 이중화

요청이 웹 서버에 도달하기 전에
받아 부하가 낮은 서버로 전달

로드밸런서

웹
서버 1

웹
서버 2

웹
서버 3

웹
서버 4

동일한 접속자 수를
처리한다면 여러 대로
나눠서 처리하는 것이
부하를 더 줄일 수 있음

서버 한 대가 정지된 경우

사용자는 계속 웹
페이지를 볼 수 있음

장애

로드밸런서

웹
서버 1

웹
서버 2

웹
서버 3

웹
서버 4

서버가 1대 정지돼도 다른
서버가 계속 실행되므로
시스템 전체적으로는
문제없이 서비스를
제공할 수 있음

그림 5-7 단일 서버에 접근이 집중되지 않도록 부하 분산

라우팅 및 라우팅 테이블

실제 세상의 어떤 주소를 찾아가기 위해서는 그 주소까지의 경로를 알아야 한다. 네트워크 세계에서도 이처럼 어떤 IP 주소를 찾아가기 위해서는 해당 주소까지의 경로를 알아야 한다. 하지만 사용자는 이런 경로를 알 필요가 없다. 대신 **라우터(router)**가 최적의 경로를 찾아서 경로를 결정하고 연결한다. 라우터가 IP 주소까지의 경로를 결정하는 것을 **라우팅(routing)**이라고 한다.

인터넷을 통해 원하는 사이트까지 가는 경로는 여러 라우터를 거치게 되므로 어떻게 라우팅하는 것이 효율이 좋을지 결정해야 한다.

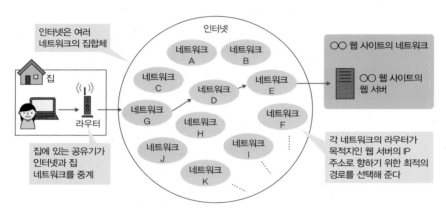

그림 5-8 원하는 IP 주소를 향한 경로를 결정하는 것이 라우팅

각 라우터는 소유한 경로 정보를 기반으로 목적지 IP 주소를 향해 이동해야 하는 네트워크를 결정한다. 이 경로 정보를 **라우팅 테이블**이라고 한다. 라우팅 테이블은 라우터가 소유한 네트워크의 지도와 같은 것이다.

AWS에서는 Amazon VPC의 **라우팅 테이블**이라는 기능이 이에 해당한다. 라우팅 테이블에는 인터넷이나 각 AWS 서비스에 대해 어떤 엔드포인트를 경유할지와 같은 경로 정보를 관리할 수 있다. 자세한 내용은 다음 섹션에서 설명한다.

목적지 IP 주소(CIDR 블록)에 대응하는 대상(출발지)을 정의한다

라우팅 테이블에는 어떤 주소(CIDR 블록)와 통신하기 위해서는 어떤 대상에게 데이터를 전달해야 하는지가 적혀있다

도착지	대상
172.31.0.0/16	local
0.0.0.0/0	igw-xxxxxxxxxxxxxxx

기본 VPC의 경우 VPC CIDR 주소의 범위는 모두 로컬 통신이 된다

인터넷과 통신하는 경우는 인터넷 게이트웨이(igw)를 대상으로 한다

0.0.0.0/0은 전체 네트워크를 의미하며 첫 번째 줄의 172.31.0.0/16 이외의 통신을 여기서 정의할 대상(인터넷 게이트웨이)에 할당한다

그림 5-9 AWS 라우터 테이블 예제

도메인 이름과 IP 주소를 연결하는 DNS

일반적으로 어떤 웹 사이트에 접속하기 위해서는 'https://○○.com/'과 같은 URL을 사용한다. 이러한 '○○.com'을 **도메인**이라고 한다. 도메인은 점으로 연결된 문자열로 구성돼 있으며 기업 이름과 단체 이름을 표현하는 경우가 많다. 도메인은 해당 문자열에 표시되는 기업, 단체 등이 제공하는 사이트의 주소를 정의한다.

도메인 이름에는 IP 주소가 연결돼 있어 사용자는 도메인 이름만으로 사이트에 접속할 수 있다. **DNS(Domain Name System)**가 우리 대신 도메인 이름에 연결된 IP 주소를 찾아주기 때문이다. 이러한 DNS의 기능을 **이름 해석**이라고 한다.

그림 5-10 DNS는 도메인 이름에 해당하는 IP 주소를 찾는 전화번호부와 같은 것

02 Amazon VPC로 가상 네트워크 만들기

키워드 ▪ Amazon VPC ▪ CIDR 블록 ▪ 서브넷

가상 네트워크 Amazon VPC

Amazon Virtual Private Cloud(이후 VPC)는 AWS에서 생성할 수 있는 프라이빗 가상 네트워크 공간이다. 이 네트워크에 EC2와 같은 AWS 자원을 배치해 이용한다.

하나의 VPC를 논리적으로 나눠 분리할 수도 있고 여러 VPC를 연결할 수도 있다. 인터넷에 공개하는 퍼블릭 VPC나 VPN(Virtual Private Network—가상 사설 네트워크) 등을 이용해 접속하는 프라이빗 VPC도 구축할 수 있다.

온프레미스로 네트워크 환경을 구축하는 경우 데이터 센터, 네트워크 기기나 서버 기기, 인터넷 회선 등 준비해야 할 것이 많아 준비 기간과 초기 비용이 발생한다. 반면 AWS에서 VPC를 네트워크 환경으로 준비하는 경우 몇 가지 작업을 수행하면 몇 분 안에 네트워크를 구축할 수 있다.

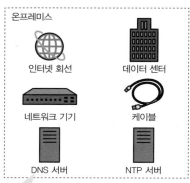

데이터 센터 계약, 기기 설치, 케이블 설치 등 작업이 많아 네트워크 준비에 시간이 걸린다

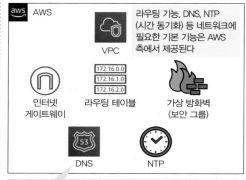

몇 번의 클릭으로 몇 분 만에 네트워크 환경을 준비할 수 있다

AWS는 가상 네트워크 공간을 제공해 다양한 네트워크 기능을 이용한다

그림 5-11 Amazon VPC로 클라우드에 몇 분 안에 네트워크를 만들 수 있다

VPC를 만들 때 **CIDR 블록**(IP 주소 범위)을 지정하고 지정한 CIDR 블록 네트워크를 확보한다. 예를 들어 '10.0.0.0/16'을 지정하면 65,536개의 IP 주소를, '10.0.0.0/28'을 지정하면 16개의 IP 주소를 사용할 수 있다. CIDR 블록에서 사용할 수 있는 IP 주소 수는 다음 그림과 같이 계산한다.

10.0.0.0/16

00001010 00000000 00000000 00000000

네트워크 주소 (/16)
호스트 주소 $2^{16} = 65,536$개

10.0.0.0/28

00001010 00000000 00000000 00000000

네트워크 주소 (/28)
호스트 주소 $2^4 = 16$개

그림 5-12 CIDR /16, /28인 경우 사용할 수 있는 IP 주소 수

섹션 01에서 '퍼블릭 IP 주소와 프라이빗 IP 주소'를 소개했는데, VPC는 일반적으로 프라이빗 IP 주소를 사용한다. 이는 AWS의 권고 사항이다. 임의의 퍼블릭 IP 범위에서 CIDR 블록을 지정할 수 있지만, 외부 퍼블릭 IP와 겹치면 통신할 수 없으므로 기본적으로 프라이빗 IP 주소 공간을 CIDR 블록에 지정하는 것이 좋다.

프라이빗 IP 주소의 범위라면 기본적으로 자유롭게 지정해도 되지만, 온프레미스 환경이나 다른 VPC 등 외부 네트워크와의 접속을 검토하고 있다면 접속할 네트워크와 VPC의 CIDR 블록이 중복되지 않게 주의해야 한다. 중복되면 직접 연결은 할 수 없다.

CIDR 블록 설정에 따라 확보할 수 있는 호스트 주소의 수가 달라지는데, 호스트 주소는 여유를 갖도록 가능한 한 많이 확보해 두는 것이 좋다 일반적으로 처음부터 필요한 총 IP 주소 수를 파악하는 것은 어렵다. 나중에 자원을 확장하기 위해 추가 IP 주소가 필요할 수도 있다. 또한 AWS가 자동으로 사용하는 IP 주소도 있어 VPC에 설정한 CIDR 블록의 IP 주소를 모두 사용할 수 있는 것도 아니기 때문이다.

CIDR 10.0.0.0/16
VPC

CIDR 블록이 같으면 직접 연결할 수 없다

CIDR 10.0.0.0/16
VPC

이하에서 /16 이하 범위의 지정을 권장한다
· 10.0.0.0 ~ 10.255.255.255(10.0.0.0/8)
· 172.16.0.0 ~ 172.31.255.255(172.16.0.0/12)
· 192.168.0.0 ~ 192.168.255.255(192.168.0.0/16)

그림 5-13 연결된 네트워크와 VPC의 CIDR 블록이 중복되지 않게 한다

VPC 및 서브넷 생성

VPC는 EC2 및 기타 AWS 서비스와 마찬가지로 AWS Management Console(GUI) 또는 API 를 사용해 생성할 수 있다. 관리 콘솔에서 생성하는 경우 화면에서 다음 항목을 설정해야 한다.

- VPC 이름(Name 태그)
- CIDR 블록
- IPv6 설정
- 테넌시 (전용 하드웨어 사용 여부)

EC2보다 적은 설정 항목으로 즉시 가상 네트워크를 만들 수 있다. IPv6 설정은 기본적으로 비활성화돼 있으며 필요에 따라 설정할 수 있다. 테넌시는 라이선스 및 보안 요구 사항으로 하드웨어를 독점하려는 경우에만 독점 옵션을 지정한다.

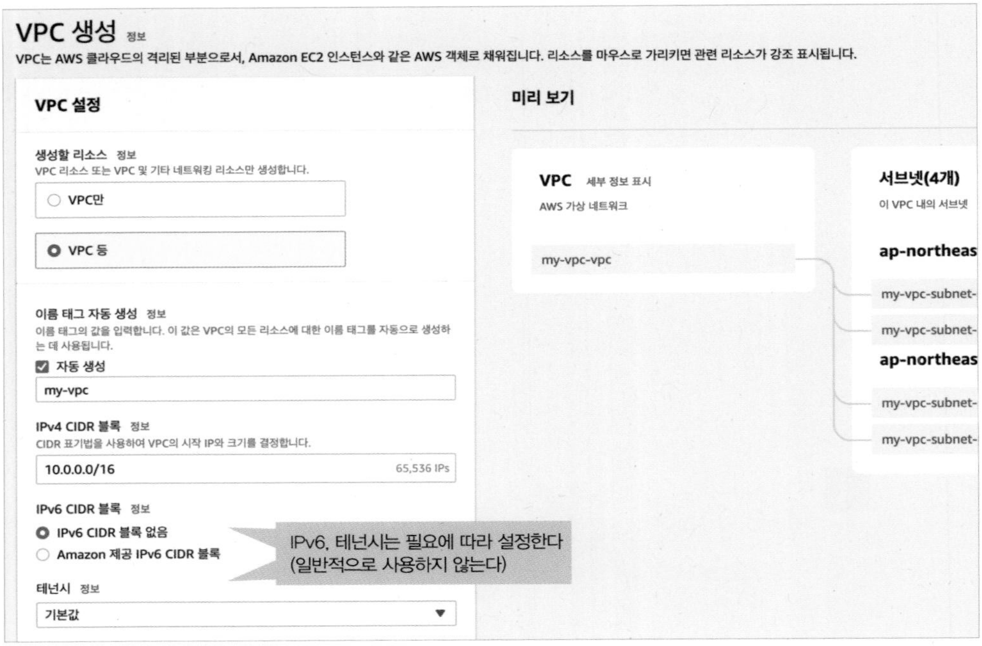

그림 5-14 VPC는 관리 콘솔에서 쉽게 생성

VPC만으로는 EC2와 같은 자원을 네트워크에 만들 수 없다. VPC 안에 더 작은 네트워크 단위인 서브넷을 만들어야 한다.

서브넷은 하나의 AZ에 속해야 하며 여러 AZ에 걸쳐 있을 수 없다. 즉, 여러 AZ에 자원을 배치해 가용성을 높이려면 서브넷도 여러 개 만들어야 한다.

서브넷에는 생성할 VPC의 CIDR 블록 범위 내에서 CIDR 블록을 지정해야 한다. 예를 들어 VPC의 CIDR 블록이 10.0.0.0/16인 경우 10.0.0.0/24와 같이 CIDR 블록을 지정한다.

그림 5-15 VPC에 서브넷을 만들고 거기에 EC2 등을 생성

03 Amazon VPC의 주요 기능 사용법

키워드 ▪ 라우팅 테이블 ▪ 인터넷 게이트웨이 ▪ 퍼블릭 서브넷 ▪ 프라이빗 서브넷 ▪ 퍼블릭 IP ▪ Elastic IP ▪ NAT 게이트웨이 ▪ 네트워크 ACL

라우팅 정보를 설정해 인터넷과 통신

VPC에는 앞에서 설명한 서브넷, 라우팅과 같은 다양한 설정을 할 수 있다. 여기서는 주요 기능을 통해 VPC의 사용 방법을 설명한다.

라우팅 테이블

라우팅 테이블은 네트워크의 경로 정보다. 온프레미스 환경에서는 라우터와 같은 네트워크 기기에 라우팅 테이블을 설정하지만 AWS는 VPC에 라우팅 테이블을 생성하고 각 서브넷에 사용할 라우팅 테이블을 지정한다. VPC를 통해 흐르는 패킷은 이 라우팅 테이블의 정보를 기반으로 경로(어디로 통신할지)를 결정한다. VPC를 만들 때 기본적으로 하나의 라우팅 테이블이 만들어진다. 기본 상태에서는 VPC 내의 라우팅 정보만 있으므로 VPC 외부로는 통신할 수 없다.

외부와 통신하려는 경우에는 외부 라우팅 정보를 추가해야 한다. 예를 들어 대상 0.0.0.0/0(모든 네트워크)에 대해 인터넷 게이트웨이로 라우팅 테이블에 등록하면 인터넷 게이트웨이를 통해 인터넷과 통신할 수 있다.

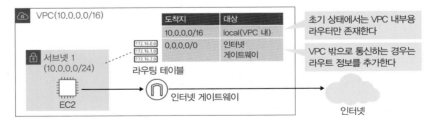

그림 5-16 서브넷별로 라우팅 테이블을 생성해 통신 경로 설정

인터넷 게이트웨이

인터넷 게이트웨이는 서브넷 안에 있는 EC2와 같은 자원이 인터넷과 통신할 수 있게 하기 위한 기능이다. 인터넷 게이트웨이를 생성하고 서브넷의 라우팅 테이블에 설정하면 인터넷과 VPC가 서로 통신할 수 있게 된다.

인터넷 게이트웨이로 가는 경로가 설정된 서브넷을 **퍼블릭 서브넷**이라고 한다. 반대로 인터넷 게이트웨이를 통해 인터넷과 통신할 수 없는 서브넷을 **프라이빗 서브넷**이라고 한다.

EC2의 경우 **퍼블릭 IP** 또는 **Elastic IP**를 부여해 인터넷과 EC2가 통신할 수 있다. 퍼블릭 IP와 Elastic IP는 모두 EC2에 설정할 수 있는 퍼블릭 IP(글로벌 IP) 주소다. 퍼블릭 IP는 자동으로 부여되는 IP 주소로 재부팅할 때마다 변경된다. Elastic IP는 정적 IP라고도 하며 영구적으로 사용할 수 있는 IP 주소다. 방화벽 등에서 IP 주소를 고정해 통신을 허가해야 하는 경우 Elastic IP를 사용한다.

퍼블릭 IP는 무료로 사용할 수 있지만 Elastic IP는 사용하지 않을 때 약간의 요금이 부과된다 (0.005USD/1시간). 가동 중인 EC2 등에서 사용하는 경우 무료다.

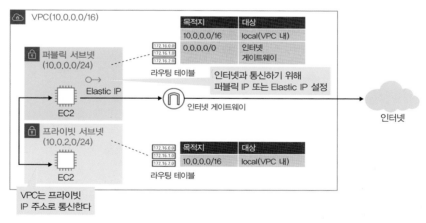

그림 5-17 인터넷과 통신을 위해 인터넷 게이트웨이 이용

NAT 게이트웨이

프라이빗 서브넷에 있는 EC2와 같은 자원은 일반적으로 인터넷과 통신할 수 없다. 하지만 인터넷에 있는 소프트웨어 패키지의 다운로드와 같이 VPC 내에서 인터넷과 통신해야 하는 경우가 있다. 이때 사용할 수 있는 것이 **NAT 게이트웨이**다. 인터넷 게이트웨이와 달리 인터넷에서 VPC로 통신할 수 없는 단방향 통신이므로 AWS 외부와 더 안전하게 통신할 수 있다.

NAT는 **Network Address Translation**의 약자로 프라이빗 IP 주소를 퍼블릭 IP 주소로 변환하는 것을 의미한다. NAT 게이트웨이는 프라이빗 서브넷의 IP 주소를 NAT 게이트웨이의 퍼블릭 IP로 변환해 인터넷과 통신할 수 있게 해준다.

NAT 게이트웨이를 이용해 통신하기 위해서는 외부 통신을 수행하는 서브넷의 라우팅 테이블에 경로 정보(라우팅 정보)를 등록해야 한다.

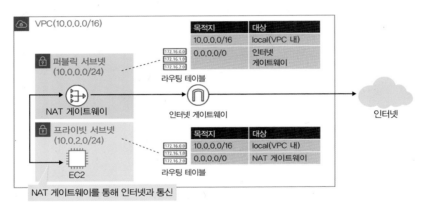

그림 5-18 내부에서 인터넷을 이용하기 위해 NAT 게이트웨이를 이용

VPC 접근 제어 및 통신 로그 확인

VPC에는 서브넷 단위로 접근 제어를 설정할 수 있는 **네트워크 접근 제어 목록(이후 네트워크 ACL)**이라는 기능이 있다. 3장에서 소개한 **보안 그룹**과 조합해 접근 제어 설정이 가능하다. 보안 그룹과의 차이는 다음 표와 같다.

표 5-1 네트워크 ACL과 보안 그룹 비교

	네트워크 ACL	보안 그룹
설정 단위	서브넷 단위로 설정	인스턴스(자원) 단위로 설정
허용/거부 설정	허용 및 거부 설정 가능	허용만 설정 가능 (허용하지 않은 모든 것은 거부)
상태 저장 여부	상태 비저장(Stateless). 단일 패킷만 확인하므로 정보를 저장하지 않음	상태 저장(Stateful). 패킷과 관련된 세션까지 확인하므로 정보를 저장
규칙 우선 순위	등록된 규칙의 번호순으로 트래픽 허용 및 거부	등록된 모든 규칙을 평가해 트래픽 허용

기본 설정 상태에서 네트워크 ACL은 모든 통신을 허용한다. 서브넷 전체에서 네트워크 접근을 허용하거나 거부하려는 경우 보안 그룹에서 추가 설정을 해 더욱 안전한 네트워크를 구축할 수 있다.

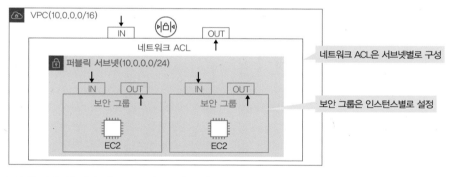

그림 5-19 두 가지 접근 제어 기능으로 보안 네트워크 구축

네트워크 ACL이나 보안 그룹에서 허용되거나 거부된 통신 상황은 **VPC 흐름 로그**라고 하는 VPC 내의 IP 트래픽 상황을 로그로 저장할 수 있는 기능을 사용해 확인할 수 있다.

로그는 AWS 모니터링 서비스인 CloudWatch Logs 또는 S3에 저장할 수 있다. CloudWatch Logs에 저장하면 로그 내용에 따라 메일 알림을 보낼 수 있게 구성해 감시할 수 있다. 요금은 S3가 저렴하다.

EC2와 같은 VPC의 자원은 IP 주소마다 **네트워크 인터페이스(ENI, Elastic Network Interface)**를 가진다. 로그는 네트워크 인터페이스별로 출력되며 Elastic Load Balancing, RDS, Redshift와 같이 VPC에서 실행되는 모든 서비스 로그도 출력된다. 도착지/출발지의 IP 주소와 포트, 전송 허용/거부 등의 정보가 포함된다.

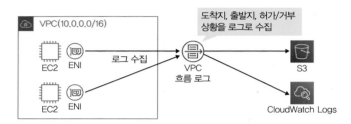

그림 5-20 VPC의 자원의 통신 로그를 저장

04 VPC에서 VPC, 외부 서비스, 온프레미스와의 연결

키워드 ▪ VPC 피어링 ▪ AWS Transit Gateway ▪ VPC 엔드포인트 ▪ AWS PrivateLink ▪ AWS Site-to-Site VPN
▪ AWS Client VPN ▪ AWS Direct Connect

VPC와 외부 네트워크 연결

다른 VPC나 VPC 외 다른 AWS 서비스와 연결하는 기능을 소개한다. 첫 번째는 **VPC 피어링**
이다.

VPC 피어링을 사용해 서로 다른 두 개의 VPC를 연결해 통신할 수 있다. 피어링은 두 개의 VPC
간에 수행되기 때문에 세 개의 VPC가 서로 통신하는 경우 각 VPC끼리 따로 피어링을 구성해야
한다. 연결된 VPC의 CIDR 블록은 겹치면 안 되므로 주의해야 한다.

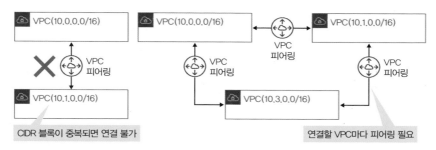

그림 5-21 VPC 피어링으로 다른 VPC와 통신 가능

두 번째는 **AWS Transit Gateway(이후 Transit Gateway)**다. Transit Gateway를 사용하
면 VPC 연결을 하나의 중앙 허브에서 관리할 수 있다. VPN과 같이 온프레미스 환경과의 연결
에도 사용할 수 있으므로 AWS 네트워크 연결을 중앙에서 관리할 수 있다.

요금은 VPC 피어링을 사용하는 것보다 높으므로 주의해야 한다. 하지만 많은 VPC를 사용해야
한다면 Transit Gateway를 사용해 중앙 관리를 하는 것이 좋다.

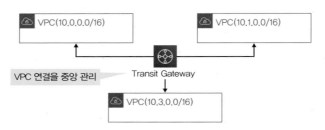

그림 5-22 VPC 간의 연결이 많아지면 Transit Gateway로 중앙 관리

VPC와 VPC 외 AWS 서비스를 연결

S3 등 VPC 외부에서 동작하는 AWS 서비스는 보통 인터넷을 거쳐 통신하지만 **VPC 엔드포인트**를 이용하면 프라이빗 네트워크로 통신하게 할 수 있다. VPC 엔드포인트를 설정한 VPC는 VPC 엔드포인트를 통해 S3와 같은 다른 AWS 서비스에 직접 접근할 수 있다.

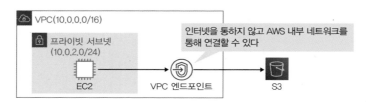

그림 5-23 S3 등 VPC 외부의 서비스와 인터넷을 통하지 않고 연결

S3나 DynamoDB에서 사용하는 VPC 엔드포인트를 **게이트웨이 엔드포인트**라고 하며 AWS 서비스와의 통신은 퍼블릭 IP를 이용한다. VPC 엔드포인트 외에 **인터페이스 엔드포인트**가 있다. 인터페이스 엔드포인트는 **AWS PrivateLink**라는 기능을 사용해 서브넷에 서비스 접속용 ENI(네트워크 인터페이스)를 생성해 프라이빗 IP로 통신한다.

게이트웨이 엔드포인트는 S3 및 DynamoDB만을 지원하지만 인터페이스 엔드포인트는 많은 AWS 서비스를 지원한다.

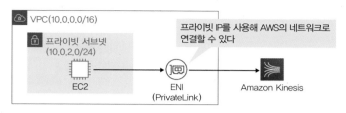

그림 5-24 Private Link는 많은 서비스와 프라이빗 IP 주소를 사용해 연결

여기서 소개한 2개의 엔드포인트는 모두 VPC 외부의 AWS 서비스와 프라이빗(AWS 내) 통신을 하기 위한 기능이다.

VPC와 온프레미스 네트워크 연결

VPC는 AWS의 네트워크 및 서비스뿐만 아니라 온프레미스 네트워크와도 연결할 수 있다. 여기서 몇 가지 연결 방법을 소개한다. 먼저 **AWS Site-to-Site VPN(이후 Site-to-Site VPN)**이다. 온프레미스 환경의 네트워크와 VPC를 VPN으로 연결하는 기능이다. VPN은 **Virtual Private Network**의 약자로 가상으로 프라이빗 네트워크를 구성해 통신하는 기술이다. VPN에 접속하면 외부 네트워크와 프라이빗 IP 주소로 통신할 수 있다.

온프레미스 환경에 있는 라우터 기기에 AWS 접속을 위한 설정을 하고 AWS에도 접속 설정을 하면 프라이빗 접속이 이루어진다. 프라이빗이라고는 하지만 인터넷을 통해 통신이 이루어진다. IPsec VPN이라는 기술을 사용해 인터넷에 가상으로 전용 네트워크를 만드는 형태다.

그림 5-25 Site-to-Site VPN으로 AWS와 온프레미스를 연결

온프레미스 환경의 클라이언트 단말(PC)과 VPN을 연결하는 **AWS Client VPN(이후 Client VPN)**이라는 기능도 있다. 온프레미스 환경 전체가 아니라 특정 단말과 비공개로 연결하고 싶은 경우 이 서비스를 추천한다.

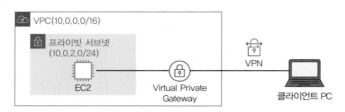

그림 5-26 Client VPN은 온프레미스의 특정 단말과의 연결도 가능

그 밖에 AWS와 온프레미스 환경을 **전용선**으로 연결하는 기능으로 **AWS Direct Connect(이후 Direct Connect)**가 있다. VPC 외의 AWS 서비스와도 전용선 연결이 가능하다. AWS의 데이터 센터와 직접 연결하는 것이 아니라 Direct Connect 로케이션이라는 기존 연결 지점을 통해 연결한다.

VPN 연결과 비교해 빠르고 고품질의 네트워크를 사용할 수 있지만 이용 비용이 높고 서비스 이용을 신청한 후 이용할 수 있을 때까지의 준비 기간이 길다.

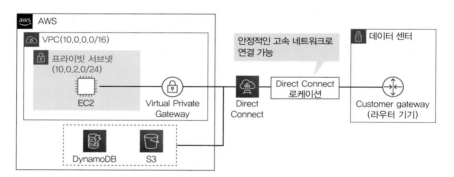

그림 5-27 Direct Connect는 고품질의 전용선 접속 서비스. 비용이 높다.

05 다른 AWS 서비스와 결합된 구성 예

VPC 구성 예

지금까지 VPC의 주요 관련 기능을 알아봤다. 여기서는 다른 AWS 서비스와 결합한 몇 가지 구성 예를 소개한다. 구성 예제를 보기 전에 AWS 서비스는 실행 위치에 따라 다음 그림처럼 세가지 유형으로 나뉜다는 것을 이해해두자.

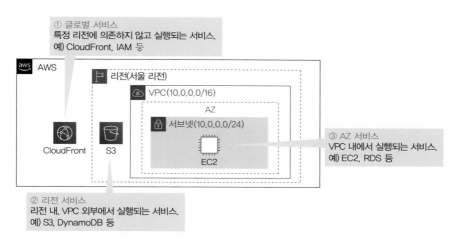

그림 5-28 AWS 서비스는 실행 위치에 따라 세 가지 유형으로 나뉜다

AZ 서비스는 VPC 안에서, 그 외의 서비스는 VPC 밖에서 실행된다. 구체적인 구성 예를 살펴보자.

┃구성 예 1: Web + DB + Amazon CloudFront

온프레미스 환경의 웹 서버, DB 서버 환경을 AWS로 마이그레이션할 때 자주 볼 수 있는 구성이다.

하나의 리전(서울)에 프라이빗 네트워크로 VPC를 생성한 다음, 웹 서버(EC2) 및 DB 서버 (RDS)와 같은 자원을 배치한다. 서버 역할별로 서브넷을 생성하고 멀티 AZ 대응(가용성 향상) 을 위해 역할별로 2개의 서브넷을 준비한다. VPC 외부로부터 통신을 수신하는 Application Load Balancer(ALB)만 퍼블릭 서브넷에 배치한다. 다른 AWS 서비스를 VPC 내에서 사용하는 경우에도 역할당 2개 또는 3개의 서브넷을 준비한다.

또한 VPC 외부에 CloudFront(5장의 섹션 8에서 소개)를 이용해서 웹 콘텐츠를 캐싱(Caching) 해 사용자가 콘텐츠에 빠르게 접근할 수 있게 했다.

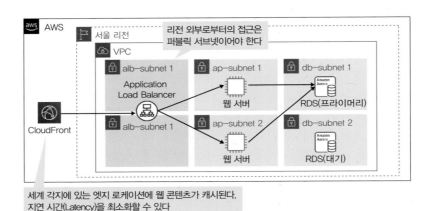

그림 5-29 온프레미스 웹 서버, DB 서버를 마이그레이션할 때 자주 볼 수 있는 구성

구성 예 2: VPC 엔드포인트를 사용하는 S3 연결

구성 예 1에 VPC 엔드포인트와 S3 버킷을 추가한 구성이다. 데이터베이스(RDS)에서 취득한 데 이터를 S3에 저장하거나 S3에서 얻은 데이터를 다른 데이터베이스로 가져오는(Import) 프로세 스를 가정한다.

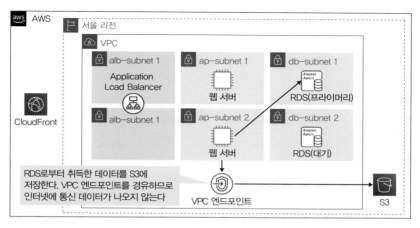

그림 5-30 이전 구성에 데이터를 저장할 대상으로 S3 추가

| 구성 예 3: 온프레미스 환경에서 프라이빗 연결

Direct Connect와 Site-to-Site VPN을 모두 사용해 온프레미스 환경과 프라이빗 연결을 하는 구성이다. 온프레미스 환경 전용 프라이빗 네트워크다.

VPC와 온프레미스 환경만 통신할 수 있고 인터넷과 소통하지 않는(할 수 없는) 구성이라는 것이 큰 특징이다.

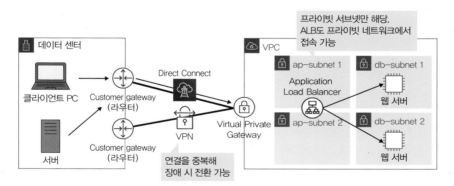

그림 5-31 AWS를 온프레미스 환경 전용 프라이빗 네트워크에 사용

06 ELB로 부하를 분산시켜 가용성 향상

키워드 ▪ ELB ▪ ALB ▪ NLB ▪ CLB ▪ GWLB

ELB란

Elastic Load Balancing(이후 ELB)은 AWS에서 제공하는 로드 밸런서 서비스다. 로드 밸런서의 주요 기능은 응용 프로그램으로 트래픽(네트워크를 통해 흐르는 데이터)을 로드 밸런싱하는 것이다. 또한 트래픽을 보내는 서버(EC2와 같은 인스턴스)가 멈추지 않고 실행 중인지 정기적으로 확인해 가용성을 확인할 수 있다.

이 섹션에서는 ELB가 제공하는 기본 기능을 소개한다.

부하 분산

트래픽을 여러 대상으로 전달하도록 지정하면 사용자의 접속을 자동으로 분산할 수 있다. 이렇게 설정하면 대량 접속이 발생하더라도 부하를 나눌 수 있다. 또한 각 대상을 다른 AZ에 배치할 수 있으므로 지리적으로 분산할 수 있어 재해가 발생했을 때의 가용성도 향상시킬 수 있다.

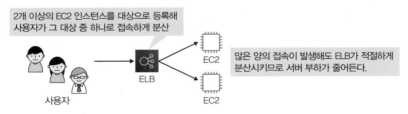

그림 5-32 사용자의 접속을 여러 대의 서버로 분산

ELB 자체는 부하 상황에 따라 자동으로 스케일되므로 사용자는 ELB 성능 저하를 신경 쓸 필요가 없다.

대상 모니터링

ELB는 항상 대상(트래픽의 도착지)에 대한 연결과 상태를 감시하고 확인한다. 이를 통해 요청 추적이나 CloudWatch 지표를 취득할 수 있으므로 언제든지 이를 확인할 수 있다.

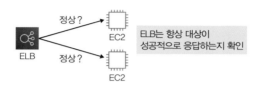

그림 5-33 통신을 분산하는 곳에 이상이 없는지 확인

감시를 통해 비정상적인 동작을 감지하면 대상을 자동으로 분리해 안정적인 작동을 유지할 수 있다.

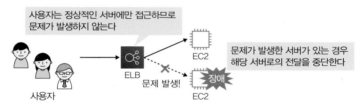

그림 5-34 이상을 감지하면 그곳에 통신을 전달하지 않는다.

보안 기능

ELB는 보안 그룹을 비롯한 AWS의 기본적인 보안 서비스를 적용할 수 있고 SSL/TLS 서버 인증서를 설정해 암호화 통신을 수행할 수 있다. 다음 표에서 설명하는 NLB(Network Load Balancer)는 보안 그룹을 설정할 수 없다.

ELB 유형

ELB는 용도에 따른 로드 밸런서를 제공한다. 제공하는 로드 밸런서는 다음 표와 같다.

표 5-2 AWS 로드 밸런서 종류

이름	설명
Application Load Balancer(ALB)	· HTTP 트래픽과 HTTPS 트래픽의 부하 분산이 가능 · 레이어 7(응용 프로그램 계층)로 동작하므로 마이크로 서비스나 컨테이너 등 다양한 응용 프로그램에도 대응 가능
Network Load Balancer(NLB)	· 레이어 4(전송 계층)에서 동작하므로 HTTP/HTTPS 외에 TCP, UDP, TLS 트래픽의 부하 분산도 가능 · 수백만 건 이상 요청이 발생하는 대규모 트래픽에서도 속도가 빠름
Classic Load Balancer(CLB)	· ALB, NLB 서비스 이전부터 제공된 구형 로드 밸런서 · 레이어 4(전송 계층) 및 레이어 7(응용 프로그램)에서 동작 · 예전 아키텍처를 이용해야 하는 등 특별한 경우를 제외하고는 기본적으로 ALB나 NLB의 이용을 권장
Gateway Load Balancer(GWLB)	· AWS에서 제공하는 타사 보안 제품의 배포 및 관리 가능 · 레이어 3(네트워크 계층)에서 동작 · 기존 NLB 및 VPC 피어링, Transit Gateway에서 구현하던 아키텍처를 더욱 단순하게 구현 가능

기본적으로는 요건에 따라 ALB 또는 NLB 중 하나를 선택해야 한다. 일반적으로 웹 사이트나 웹 시스템의 부하 분산에는 ALB, ALB로는 구현할 수 없는 미세한 제어나 HTTP/HTTPS 이외의 프로토콜을 이용하는 경우는 NLB를 선택한다.

ELB 요금 예

ELB 이용료는 1시간당 로드 밸런서 사용료(고정)와 로드 밸런서 커패서티 유닛(Load balancer Capacity Unit-LCU) 이용료(변동)를 합산해 계산한다.

LCU는 초당 새 연결 수, 활성 연결 수, 처리된 바이트, 규칙 평가를 측정하며 그중 가장 사용량이 많은 것에 대해서만 요금이 부과된다. 대규모 시스템을 운영하거나 처리하는 데이터가 많다면 LCU 비용도 고려해야 한다.

07 간편하게 사용할 수 있는 DNS 서비스

키워드 ■ Amazon Route 53 ■ DNS 레코드 ■ 라우팅 정책 ■ 상태 확인

Route 53이란

Amazon Route 53(이후 Route 53)은 AWS가 제공하는 DNS 서비스다. 완전 관리형으로 제공되므로 온프레미스로 구축한 DNS 서버와는 달리 유지 관리 및 작업이 필요 없으며 AWS 관리 콘솔에서 모든 설정과 관리를 할 수 있다. 글로벌 서비스이므로 모든 리전에서 공통으로 사용할 수 있다.

관리는 **호스팅 영역**별로 수행된다. 호스트 존은 도메인과 해당 하위 도메인의 트래픽 라우팅 방법에 대한 정보를 보관하는 상자 같은 것이다. 도메인 이름을 등록하면 같은 이름의 호스팅 영역이 자동으로 생성된다.

그림 5-35 등록한 도메인별 설정 = 호스팅 영역

Route 53 의 주요 특징은 다음과 같다.

■ 높은 가용성

Route 53의 SLA(서비스 품질 보증)는 100%로 정의돼 있으며, 다른 AWS 서비스에 비해 높은 가용성을 제공한다. 이는 Route 53 서비스를 제공하는 기반 시스템이 전 세계에 걸쳐 이중화돼 있기 때문이다.

■ **높은 비용 성능**

주요 제공 서비스인 도메인 등록은 처음 25개의 호스팅 영역 1개당 0.5USD/월 정도로 이용할 수 있다. 그 외의 기능에도 트래픽량에 의한 과금은 발생하지만 이용료에서 차지하는 비율은 낮으므로 고려하지 않아도 된다.

Route 53 기능

Route 53은 크게 다음 세 가지 기능을 이용할 수 있다.

- 도메인 등록 기능
- 도메인 트래픽 라우팅
- 자원에 대한 상태 확인

도메인 등록 기능

Route 53의 가장 중요한 기능은 임의의 호스팅 영역을 생성해 **도메인 등록**을 하는 기능이다. 'xxx.com'과 같은 임의의 도메인 이름을 Route 53에서 **DNS 레코드**로 등록할 수 있다. 등록할 수 있는 도메인은 일부 제약이 있으므로 주의해야 한다.

DNS 레코드는 DNS가 관리하는 도메인과 어떤 IP 주소, 정보가 연결돼 있는지를 기록한 데이터다. DNS는 이 DNS 레코드를 기반으로 질의한 곳에 도메인에 해당하는 IP 주소를 반환한다.

그림 5-36 DNS 레코드를 DNS 서버에 설정해 이름 해결

AWS에서 신규 도메인 등록은 유료다. 도메인은 '.com'이나 '.kr'과 같은 TLD(Top Level Domain−최상위 도메인)를 선택해야 하지만, 이 TLD의 종류에 따라 도메인 이용 요금이 달라진다. 등록할 때 반드시 AWS 공식 문서를 확인하기 바란다.

▶ Amazon Route 53 요금표 − '도메인 이름' 항목에서 'TLD별 현재 요금에 대한 전체 목록을 확인하십시오.' 링크 클릭

https://aws.amazon.com/ko/route53/pricing/

Route 53에서 만들 수 있는 일반적인 DNS 레코드 유형은 다음 표와 같다. 대상 도메인명을 사용해 적절한 레코드를 만들어 사용한다.

표 5−3 Route 53에서 만들 수 있는 일반적인 DNS 레코드 종류

레코드 종류	설명
A 레코드	IPv4 주소에 대한 레코드
AAAA 레코드	IPv6 주소에 대한 레코드
CAA 레코드	도메인 또는 하위 도메인의 인증 기관(CA)을 지정할 수 있는 레코드
CNAME 레코드	특정 호스트 이름에 대한 별칭을 정의하는 레코드
DS 레코드	하위 도메인에서 DNSSEC를 이용할 때 사용하는 레코드
MX 레코드	해당 도메인에 대한 메일 서버의 호스트 이름을 정의하는 레코드
NAPTR 레코드	동적 위임 발견 시스템(Dynamic Delegation Discovery System−DDDS) 응용 프로그램에서 사용되는 레코드
NS 레코드	호스팅 영역의 네임 서버 이름을 정의하는 레코드
PTR 레코드	IP 주소를 도메인 이름과 매핑하는 레코드
SOA 레코드	Start of Authority(SOA) 레코드. 도메인 및 대응하는 Route 53 호스팅 영역 정의
SPF 레코드	메일 발신자의 신원 확인에 사용되는 레코드 ※ 현재는 SPF 레코드 대신 TXT 레코드 생성이 권장된다
SRV 레코드	호스트 이름 외에도 부하 분산 우선순위, 가중치 및 서비스 포트 번호의 세 가지 유형 정보를 부여할 수 있는 레코드
TXT 레코드	호스트 이름에 연결할 텍스트 정보를 정의하는 레코드
별칭 레코드	AWS 계정의 특정 서비스에서 생성된 자원과 엔드포인트를 등록하는 레코드. AWS에서만 사용할 수 있는 특수 레코드

다음은 DNS 레코드 등록 화면이다. 레코드 이름이나 이름 해석 값의 입력을 할 수 있고, 레코드 유형 등을 선택해 간단하게 레코드를 만들 수 있다. 라우팅 정책은 다음 섹션에서 설명한다.

그림 5-37 DNS 레코드 등록

도메인으로 트래픽 라우팅

Route 53에서는 생성한 DNS 레코드별로 **라우팅 정책**을 설정할 수 있다. 여기서 말하는 라우팅은 라우터의 라우팅과 달리 도메인 이름에 대한 IP 주소를 어떻게 반환하는지를 의미한다. 라우팅 정책 설정을 통해 이름 확인(도메인 이름에 해당하는 IP 주소 찾기)을 할 때의 라우팅 동작을 세밀하게 제어할 수 있다.

단순 라우팅

일반적으로 DNS와 같은 라우팅을 수행한다. 하나의 도메인에 대해 하나의 IP 주소만 연결한다.

가중치 기반 라우팅

라우팅 대상을 여러 개 등록하고 각각에 트래픽을 할당하는 정도를 0에서 255 사이의 값(가중치)으로 지정한다. 가중치에 따라 어느 IP 주소를 반환하는지 결정한다.

지리적 위치 라우팅

조회한 곳의 위치 정보에 따라 어떤 IP 주소를 반환할지를 결정한다.

예: 서울에서 'xxx.com'에 접근하므로 'X.X.X.X'를 반환한다.

지연 시간 라우팅

항상 레이턴시(데이터 처리 지연 시간)가 최소인 자원의 IP 주소를 우선적으로 반환한다.

장애 조치 라우팅

일반적으로 프라이머리 IP로 라우팅하지만 프라이머리에 장애가 발생하면 보조로 라우팅한다.
장애 발생 여부는 상태 확인 기능을 이용해 판단한다.

다중값 응답 라우팅

다중값 응답을 설정하면 Route 53이 질의에 대해 항상 여러 IP 주소를 무작위로 반환하도록
할 수 있다. 이렇게 하면 사용자가 여러 서버에 무작위로 할당돼 부하 분산 역할을 한다. 상태 확
인이 실패한 서버에는 할당되지 않으므로 ELB처럼 작동할 수 있다.

자원 상태 확인

지금까지 여러 번 설명한 것처럼 Route 53에는 **상태 확인 기능**이 있다. 이를 이용해 대상이 정상적으로 실행 중인지 확인할 수 있다.

상태 확인을 하는 대상이 정상인지 판단하는 기준은 보통 라우팅을 하는 곳인 웹 서버나 메일 서버에서 반환되는 응답 결과를 확인하는 것이다. 여기에 더 명확한 판단을 위해 다른 서비스의 상태 확인 결과도 함께 확인하거나 CloudWatch 경보를 확인하기도 한다.

이렇게 만든 상태 확인 결과를 바탕으로 자동 라우팅 변경을 하거나 문제가 발생했을 때의 알람과 같은 동작을 추가해 서비스가 안정적으로 실행될 수 있게 한다.

표 5-4 상태 확인

상태 확인 대상	설명
엔드포인트	· 엔드포인트에 IP 주소 또는 도메인 이름을 지정하고 반환되는 응답으로 작동 확인 · 대상 엔드포인트, 프로토콜, 포트 및 대상 경로를 지정 · 고급 설정 항목으로 요청 간격 및 상태를 확인하는 곳의 리전을 선택할 수 있음
다른 상태 확인의 상태 (산출된 상태 확인)	· 지정한 다른 상태 확인 결과에서 정상 여부를 확인 · 여러 상태 확인 결과를 대상으로 할 수 있으며, 정상 수에 대한 기준 설정 가능
CloudWatch 알람 상태	· 생성된 CloudWatch 알람 상태를 확인하고 정상 여부를 판단

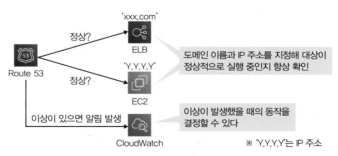

그림 5-38 대상 IP 주소(또는 도메인 이름)에 대한 고급 상태 확인 가능

상태 확인 요금은 월 단위로 계산되며 AWS 엔드포인트는 0.5USD/대, AWS 외부 엔드포인트는 0.75USD/대의 요금이 발생한다. 또한 고급 설정 1항목당 1.00USD이므로 상태 확인 요건을 정확히 정하고 설정하지 않으면 불필요한 요금이 발생할 수 있다.

08 CloudFront로 빠르고 안정적인 서비스 제공

키워드 ▪ Amazon CloudFront

CloudFront란

Amazon CloudFront(이후 CloudFront)는 AWS가 제공하는 **콘텐츠 전달 네트워크(CDN)** 서비스다. CDN은 동영상 파일과 같은 대용량 디지털 콘텐츠를 인터넷에서 효율적으로 사용자에게 전달하기 위한 네트워크를 말한다.

CDN은 데이터 본체를 저장하고 있는 **원본 서버(Origin Server)**에서 그 데이터의 **복사본(캐시)**을 전 세계에 존재하는 캐시 서버에 저장한다. CDN은 사용자의 위치를 파악해 자동으로 가장 가까운 곳에 있는 캐시 서버로 연결해 사용자가 빠르게 데이터를 취득할 수 있게 한다. Route 53의 라우팅 정책 중 하나인 지리적 위치 라우팅과 같은 개념을 사용한다.

CloudFront는 캐시 서버를 전 세계 **엣지 로케이션**에 배치하고 AWS가 가진 네트워크를 통해 AWS 리전에 기능을 제공한다. 엣지 로케이션은 리전별 중간층을 포함하면 47개국 90개 이상의 도시에 275개 이상 존재해 전 세계에 CDN 서비스를 제공할 수 있다.

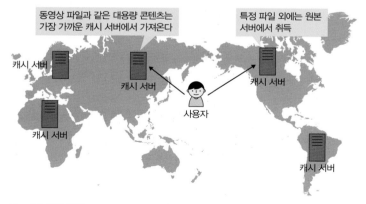

그림 5-39 CloudFront의 주요 이점

CloudFront의 장점

CloudFront의 장점은 다음과 같다.

- **대용량 콘텐츠의 빠른 배포**

  전 세계에 구축된 CDN이므로 동영상 및 온라인 게임과 같은 대용량 콘텐츠를 전 세계 사용자에게 효율적으로 전달할 수 있다.

- **보안 향상**

  CloudFront를 적용한 서비스는 자동으로 통신의 SSL/TLS 암호화를 수행한다. CloudFront에는 기본적으로 자동으로 생성된 도메인 이름이 할당되며 해당 도메인 이름을 가진 인증서가 설정된다. 또한 AWS Shield라는 무료 DDoS 보호 서비스도 자동으로 적용돼 DDoS 공격에 대처할 수 있다.

  이런 보안 조치는 CloudFront가 기본으로 제공하므로 CloudFront를 적용하는 것만으로도 보안을 개선할 수 있다.

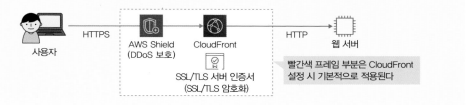

- **가용성 향상**

  CloudFront는 전 세계에 엣지 로케이션을 가지고 있으며 대상 데이터의 캐시를 저장하고 있다. 콘텐츠 전송이 엣지 로케이션으로 이루어지므로 원본 서버에 대한 부하가 분산돼 결과적으로 가용성 향상으로 이어지게 된다.

  원본 서버에서 장애가 발생했을 때의 동작도 설정할 수 있어 더욱 유연한 서비스를 제공할 수 있다.

CloudFront 설정

실제 CloudFront 관리 콘솔에서 어떤 기능을 사용할 수 있는지 확인해보자.

배포

CloudFront는 원본 서버에 배치된 파일에 대한 정보를 **배포(Distribution)**라는 단위로 취급한다. EC2는 인스턴스 단위로 가상 서버를 다루듯이 CloudFront에서는 배포 단위로 정보를 관리하는 것이다. 하나의 배포에 하나의 CloudFront 도메인이 할당되며 다양한 설정을 할 수 있다. CloudFront는 사용자가 이 전용 도메인에 접속하면 엣지 로케이션을 통해 통신하도록 한다.

'일반' 설정에서는 액세스 로그 출력 설정을 비롯한 배포의 기본적인 설정을 한다.

AWS WAF(7장에서 소개)의 설정은 AWS Shield와 달리 사용료가 부과되지만 CloudFront에 AWS WAF를 설정하면 사용자가 보내는 모든 요청이 CloudFront의 엣지 로케이션에 도달하기 전에 AWS WAF가 보안 규칙에 따라 걸러지기 때문에 안전한 서비스를 제공할 수 있다.

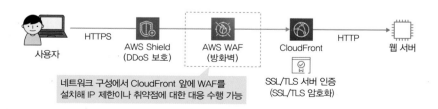

'원본' 설정

'원본' 설정은 콘텐츠의 원래 데이터가 저장되는 원본이 되는 자원에 대해 설정한다. 도메인 단위로 설정할 수 있으며 AWS 자원은 S3나 ELB 등을 대상으로 할 수 있다. 자신이 관리하는 도메인도 지정할 수 있다. CloudFront가 원본에 접근할 때 부여하는 헤더 정보도 설정할 수 있다.

설정

원본 도메인
AWS 원본을 선택하거나 사용자 원본의 도메인 이름을 입력합니다.

> 🔍 원본 도메인 선택

> 원본으로 하는 도메인이나 경로 설정이 가능, 추가 설정 항목으로 연결 시도 값 등 자세한 제어 설정

원본 경로 - 선택 사항   정보
원본 요청의 원본 도메인 이름에 추가할 URL 경로를 입력합니다.

> 원본 경로 입력

이름
이 원본의 이름을 입력합니다.

> testtest112.s3.ap-northeast-2.amazonaws.com

사용자 정의 헤더 추가 - 선택 사항
CloudFront는 원본으로 보내는 모든 요청에 이 헤더를 포함합니다.

> 헤더 추가

Origin Shield 활성화   정보
Origin Shield는 원본의 부하를 줄이고 가용성을 보호하는 데 도움이 되는 추가 캐싱 계층입니다.

◉ 아니요
○ 예

▶ 추가 설정

취소   변경 사항 저장

기타 설정

추가로 다음 표와 같이 설정해 성능을 개선하고 가용성을 향상할 수 있다.

설정 항목	설명
동작	· CloudFront에서 사용할 수 있는 프로토콜 및 HTTP 방법 설정, 캐시 설정을 수행 · '*.mp4'와 같이 웹 서비스에서 사용되는 경로 패턴 단위로 제어 · 캐시 정책에서 상세한 캐시 설정을 할 수 있다
오류 페이지	· 원본에서 장애가 발생했을 때의 동작 설정 가능 · HTTP 오류 코드별 응답 정의 · '동작' 설정과 조합해 에러가 발생했을 때의 동작을 설정
지리적 제한	· 특정 위치로부터의 접속을 허가 또는 차단하는 설정
무효화	· CloudFront에서 캐시를 수동으로 삭제할 때 사용

'오류 페이지' 설정과 '동작' 설정을 조합해 원본 서버에서 오류가 발생했을 때 특정 에러 페이지를 표시하도록 설정하는 등 서비스를 사용자 친화적으로 구성할 수 있다.

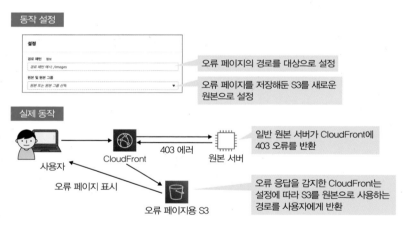

그림 5-40 전용 오류 페이지도 간단하게 구현 가능

CloudFront 이용료

CloudFront는 다른 많은 서비스와 마찬가지로 종량 과금제다. 통신이 발생하는 지역에 따라 요금이 조금씩 다르지만 기본적으로 CloudFront를 실제로 사용한 데이터 전송량과 CloudFront에 대한 요청 수에 따라 요금이 결정된다.

종량 과금이지만 데이터 전송량은 월 1TB까지, HTTPS 요청 수는 월 1,000만 건까지 무료로 이용할 수 있다. 서울 리전을 이용하는 경우 프리 티어를 초과한다면 데이터 전송량 1GB당 0.120USD, HTTPS 요청 1만 건당 0.0120USD의 요금이 발생한다. 대용량 콘텐츠가 아니더라도 조회수에 따라 상상 이상의 요금이 부과될 수 있으므로 주의해야 한다. CloudFront는 자체적으로 사용량을 확인할 수 있는 기능을 제공해 요금을 예측할 수 있다.

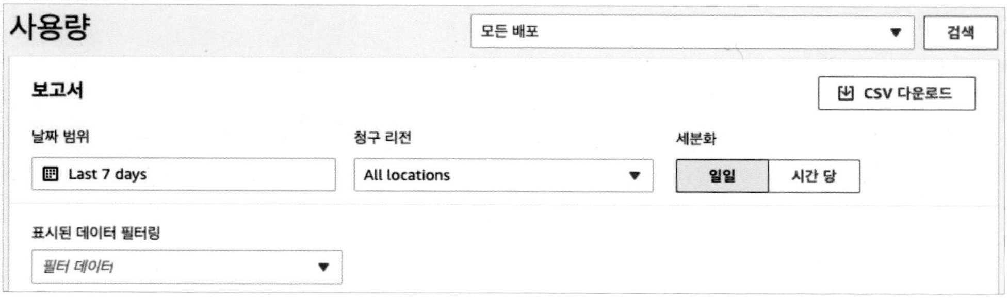

그림 5-41 CloudFront 사용량 확인 기능

09 다양한 네트워크 기능을 제공하는 서비스 7가지

키워드 ■ AWS Direct Connect ■ AWS VPN ■ AWS Transit Gateway ■ AWS PrivateLink ■ Amazon API Gateway
■ AWS Global Accelerator ■ AWS Ground Station

AWS와 연결하는 다양한 방법

AWS는 기본적으로 인터넷을 통해 접속하지만 용도에 따라 온프레미스 환경이나 사무실 환경과 직접 접속해야 하는 경우도 있기 때문에 네트워크의 안전성과 안정성이 필요할 때도 있다. 5장에서도 소개한 내용이지만 여기서 다시 한번 접속 방법을 정리하고 각 서비스의 상세 내용을 설명한다. 이 섹션의 후반에서는 구축한 시스템을 외부에서 이용할 때 편리한 서비스를 소개한다.

전용선 및 VPN

온프레미스 환경과 AWS에서 생성한 VPC를 연결하는 경우 인터넷 외에 **전용선**이나 **VPN(Virtual Private Network)**을 사용할 수 있다.

전용선이란 거점 간에 물리적으로 연결된 전용의 통신 회선이다. 불특정 다수가 공유하는 인터넷 회선과 달리 전용선은 회선 소유자만이 통신할 수 있으므로 안전하고 속도가 빠르지만 구축을 위해서는 비용이 많이 든다.

VPN은 인터넷을 가상으로 전용선처럼 취급하는 기술로 통신을 하는 기기 간에 암호화를 수행하고 경로를 제어함으로써 각 거점을 전용선으로 연결하고 있는 것처럼 통신할 수 있다. VPN에는 다음 그림처럼 **사이트 간 VPN(Site to Site VPN-거점 간 VPN)**과 **원격 VPN(Remote VPN)**이 있으며, 용도에 따라 적당한 것을 이용한다. 물리적 경로는 공용 인터넷이므로 통신량 증가에 따른 회선 부족의 영향은 받을 수 있지만 비교적 저렴하게 이용할 수 있다.

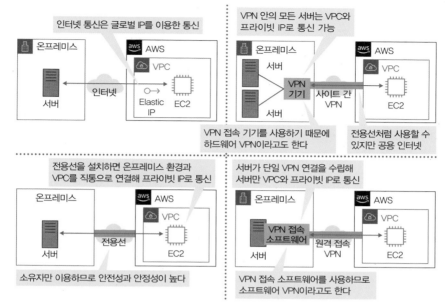

그림 5-42 온프레미스와 AWS 연결을 위한 대표적인 방법 4가지

AWS Direct Connect

AWS Direct Connect(이후 Direct Connect)는 AWS와 온프레미스 환경 사이에 전용선을 만드는 서비스로 DX라고도 한다. AWS 데이터 센터의 위치는 비공개이므로 AWS가 지정하는 연결 거점(상호 연결 데이터 센터)까지의 전용선을 사용자가 준비하면 AWS는 연결 거점부터 사용자의 계정 환경까지 통신을 연결한다.

Direct Connect는 사용자가 직접 통신 사업자와 계약해 연결 거점까지의 전용선을 설치할 수도 있고, AWS의 파트너사를 통한 이용도 가능하다. 파트너사가 제공하는 서비스는 전용선을 포함해 대부분의 설정을 대행해주므로 더욱 간편하게 전용선 서비스를 이용할 수 있다.

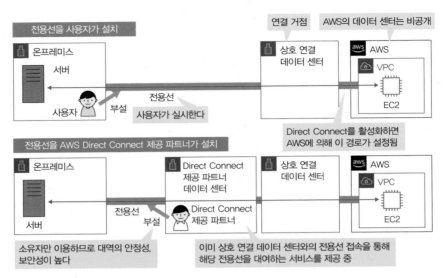

그림 5-43 Direct Connect 서비스

AWS VPN

AWS는 VPN으로 연결할 수도 있다. 사이트 간 VPN과 원격 VPN을 모두 지원한다.

- **AWS Site-to-Site VPN**

  AWS Site-to-Site VPN(이후 Site-to-Site VPN)은 이름과 같이 두 사이트를 연결하는 VPN을 구성하기 위한 서비스다. AWS 네트워크 안에 가상 프라이빗 게이트웨이라는 VPN 접속지를 생성하고 온프레미스 환경의 라우터 장비와 VPN으로 연결한다. 온프레미스 환경으로부터의 통신은 VPN 연결을 통해 AWS로 전달되므로 온프레미스 환경과 AWS VPC가 동일한 프라이빗 IP를 사용해 마치 전용선으로 연결된 것처럼 구성할 수 있다. Site-to-Site VPN은 IPsec VPN이라는 기술을 사용한다.

- **AWS Client VPN**

  AWS Client VPN(이후 Client VPN)은 원격 VPN을 이용해 AWS에 연결하는 서비스다. Client VPN 엔드포인트라고 하는 VPN 접속지를 생성하고 접속자 컴퓨터에 설치된 VPN 연결 소프트웨어를 이용해 AWS VPC에 프라이빗 IP 주소와 통신할 수 있도록 한다. Client VPN은 SSL-VPN이라는 기술을 사용한다.

사용되는 기술은 다르지만 둘 다 온프레미스 환경에서 AWS와 가상 전용선을 구축해 통신하는 서비스다. 거점별 AWS와 VPN을 연결하고자 하는 경우 Site-to-Site VPN, 특정 단말만 일시적으로 VPN을 연결하고자 하는 경우 Client VPN을 선택한다. 어디까지나 가상으로 전용선처럼 통신하게만 하므로 인터넷 환경에 따라 통신 속도의 저하 등이 발생할 가능성이 있다. 하지만 사용 중인 인터넷 회선을 그대로 이용할 수 있으므로 전용 회선인 Direct Connect에 비해 저렴하다.

Site-to-Site VPN은 Direct Connect와 함께 사용할 수 있다. Direct Connect를 이용해 통신하다가 회선 장애 등으로 인해 Direct Connect를 사용할 수 없을 때 미리 설정해둔 Site-to-Site VPN을 사용하게끔 설정해 장애에 대비할 수도 있다.

AWS Transit Gateway

VPC 연결을 통합하는 서비스로 **AWS Transit Gateway(이후 Transit Gateway)**가 있다. 지금까지 소개한 것처럼 온프레미스와 AWS를 연결하기 위한 다양한 서비스가 있으며 VPC끼리 연결하는 구성도 많이 있다.

Transit Gateway를 사용하면 다음 그림처럼 VPC 간 통신을 더욱 깔끔하게 정리할 수 있다.

Transit Gateway는 1GB당 0.02USD, 접속하는 VPC마다 시간당 0.07USD의 요금이 발생하기 때문에 개별 VPC와 접속하는 구성에 비해 요금이 높지만 한 곳에서 접속을 관리할 수 있어 전체 구성을 파악하기 쉽고 운영이 쉬워진다. 갑자기 규모가 커져 네트워크가 복잡해지는 경우 유용하게 사용할 수 있다.

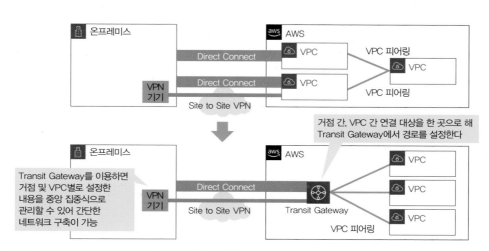

그림 5-44 네트워크 연결을 한 곳에서 관리하는 Transit Gateway

AWS PrivateLink

AWS PrivateLink(이후 PrivateLink)는 VPC 엔드포인트를 생성하는 서비스다. PrivateLink 를 사용하면 인터넷을 통하지 않고 내부적으로 다른 VPC와 통신을 할 수 있다. VPC끼리의 통 신만이라면 VPC 피어링으로도 할 수 있지만 PrivateLink는 접속 제어와 같은 설정도 가능하다.

인터넷을 경유하지 않고 VPC 내의 특정 인스턴스만 통신하도록 설정하는 경우 유용하게 사용할 수 있다.

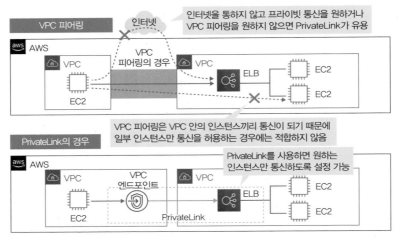

그림 5-45 다른 VPC의 서비스와의 프라이빗 연결을 제공하는 PrivateLink

Amazon API Gateway

Amazon API Gateway(이후 API Gateway)는 웹 API를 생성하는 서비스다. API는 Application Programming Interface의 약자로 응용 프로그램끼리 통신하기 위한 창구를 의 미한다. API Gateway를 이용하면 이용자는 데이터 처리 프로그램만을 구현해도 API 서비스를 제공할 수 있다.

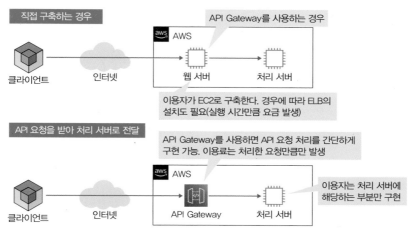

그림 5-46 웹 API를 제공하는 API Gateway

API Gateway를 사용하지 않고 웹상에 API 서비스를 공개하기 위해서는 자체적으로 웹 서버를 구축해서 API 요청을 받아야 한다. 프로그램 구축도 번거롭지만 웹 서버를 실행하기 위한 비용이 발생한다. API Gateway는 처리한 요청 수와 데이터 전송량에 대해서만 이용료가 발생한다. API Gateway에는 인증 기능도 준비돼 있으며 에러 발생률이나 처리 시간 등을 감시할 수 있어 API 서비스를 만든다는 관점에서 볼 때 매우 우수한 서비스다.

AWS Global Accelerator

AWS Global Accelerator(이후 Global Accelerator)는 전 세계에 퍼져 있는 AWS 네트워크망을 이용해 클라이언트가 AWS에 더 빠르게 접근할 수 있게 하는 서비스다. AWS에 따르면 Global Accelerator를 이용하면 최대 60%가량 네트워크 성능이 향상된다고 한다[5]. 전 세계에 AWS의 고속 네트워크망을 구축해 사용자가 어디에서나 '빠르게' AWS 네트워크를 사용할 수 있게 하기 때문이다. CloudFront와 마찬가지로 전 세계에 거점을 둔 서비스다.

Global Accelerator를 이용하면 시스템에 접근하기 위한 고정 IP 주소가 발급돼 글로벌 트래픽 관리를 간소화할 수 있다.

---

5 (옮긴이) 정확히는 네트워크 지연 시간이 줄어든다.

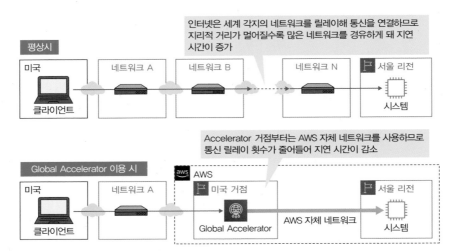

그림 5-47 네트워크 지연 시간 및 가용성 개선을 위한 Global Accelerator

AWS Ground Station

AWS는 인공위성과의 통신도 제공한다. **AWS Ground Station**은 인공위성 이용 예약과 AWS 가 소유한 기지국과의 통신을 할 수 있게 된다.

위성으로부터 얻을 수 있는 데이터는 주로 지구의 사진이나 지형, 날씨 정보와 같은 지구의 관측 데이터다. 이용하기 위해서는 미국의 아마추어 무선 자격인 FCC 라이선스 필요 등 간단하게 이 용할 수는 없지만, AWS 사업 범위의 넓이와 가능성을 보여주는 서비스다.

Chapter
6

데이터베이스
서비스

정보 시스템에서 가장 중요한 것은 '데이터'다. 그리고 이런 데이터를 다루는 데 특화된 시스템이 '데이터베이스'다. 데이터베이스는 정형화된 데이터를 다루는 RDS(관계형 데이터베이스 시스템)부터 키-값을 다루거나 문자열 처리에 특화된 데이터베이스까지 다양하게 존재한다. 여기서는 AWS가 제공하는 다양한 데이터베이스 서비스를 소개한다.

데이터베이스란
알아둬야 할 데이터베이스 기초 지식

Amazon RDS란
AWS에서 관계형 데이터베이스 사용

Amazon Aurora란
고기능 Aurora의 편리한 특징

Amazon DynamoDB란
키와 값의 조합으로 데이터 관리

Amazon Redshift란
데이터 분석을 위한 대량의 데이터 수집

AWS 데이터베이스 마이그레이션
데이터베이스 마이그레이션에 도움이 되는 2가지 서비스

기타 데이터베이스 서비스
다양한 데이터베이스를 지원하는 7가지 서비스

01 알아둬야 할 데이터베이스 기초 지식

데이터의 집합체, 데이터베이스

이 장에서는 AWS의 주요 데이터베이스 서비스를 소개한다. **데이터베이스**란 검색이나 등록을 쉽게 할 수 있게 정리된 데이터 모음이다. Amazon과 같은 인터넷 쇼핑을 이용할 때 등록하는 회원 정보는 사이트의 데이터베이스에 등록돼 관리된다.

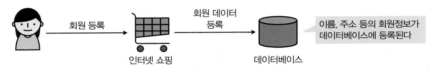

그림 6-1 데이터베이스에 데이터를 등록해 응용 프로그램에서 사용

데이터베이스는 응용 프로그램으로부터 데이터에 대해 업데이트, 참조, 삭제와 같은 작업을 요청받아 데이터를 처리한다. 이렇게 데이터를 관리하는 시스템을 **데이터베이스 관리 시스템 (DBMS, DataBase Management System)**이라고 한다.

오늘날 시스템에서 가장 많이 사용되는 데이터베이스는 **관계형 데이터베이스(RDB)**라는 표 형식의 데이터베이스다. 다음은 표 형식으로 회원 정보를 관리하는 관계형 데이터베이스의 데이터 예다.

표 6-1 관계형 데이터베이스의 예

회원 ID	이름	주소
001	김민호	전라남도
002	양현	강원도
003	연구흠	충청도
004	최지혜	경기도

하나의 표를 '테이블'이라는 단위로 관리한다. '관계형'이라는 용어처럼 여러 테이블이 관계성을 가지고 관리된다. 예를 들어 회원 테이블과 구매 테이블을 별도로 관리하지만 구매 정보를 관리하고자 할 때 관련된 테이블을 조합해 사용한다.

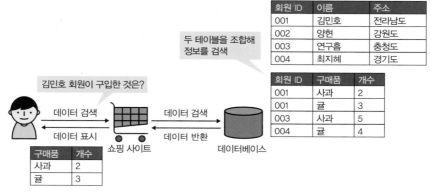

그림 6-2 여러 테이블을 조합해 데이터를 검색

관계형 데이터베이스 외에도 AWS에는 '키'와 '값'이라는 두 가지 요소를 조합해 키-값 형태로 관리하는 **NoSQL 데이터베이스** 서비스도 있다. 이 장에서는 각 데이터베이스의 특징도 간단히 설명한다.

SQL로 조작하는 관계형 데이터베이스

관계형 데이터베이스의 데이터에 대해 일반적으로 추가, 검색, 업데이트 및 삭제하는 조작을 할 때 **SQL**(Structured Query Language)이라는 언어를 사용한다. 각 데이터 조작에는 다음 명령을 사용한다.

- SELECT(데이터 검색)
- INSERT(데이터 추가)
- UPDATE(데이터 갱신)
- DELETE(데이터 삭제)

예를 들어 앞의 회원 정보 테이블에서 이름 정보를 전부 검색하는 SQL 문은 다음과 같은 형식이다.

```
SELECT 이름 FROM 회원 정보 테이블
```

결과

이름
김민호
양현
연구흠
최지혜

이 예제에서는 열 이름과 테이블 이름이 한글이지만 일반적으로 시스템에서는 name이나 accounts와 같이 영어를 사용한다.

WHERE 절로 조건을 지정해 원하는 데이터만을 얻을 수도 있다. 예를 들어 회원 ID가 003인 행의 이름 정보를 얻어야 할 때의 SQL 문은 다음과 같다.

```
SELECT 이름 FROM 회원 정보 테이블
WHERE 회원 ID = '003'
```

결과

이름
연구흠

열 이름(표의 '회원 ID', '이름', '주소' 부분)은 '*'라는 특수 문자를 지정해 전체 열의 정보를 얻을 수도 있다.

```
SELECT * FROM 회원 정보 테이블
WHERE 회원 ID = '003'
```

결과

회원 ID	이름	주소
003	연구흠	충청도

데이터 추가나 업데이트, 삭제도 SQL을 사용해 실행한다.

데이터 불일치를 없애기 위한 ACID 특성

관계형 데이터베이스의 특징 중 하나로 **ACID**가 있다. 이는 원자성(Atomicity), 일관성 (Consistency), 독립성(Isolation), 지속성(Durability)의 앞 글자를 합친 것이다. 데이터베이스에서 수행하는 일련의 처리를 **트랜잭션**이라고 부르는데, 이 트랜잭션 단위가 ACID 특성을 갖는다.

예를 들어 은행 계좌의 예금 인출에 대해서 시스템적으로는 다음 두 가지 처리를 한다.

- (1) 지정한 금액을 인출
- (2) 예금 잔액 데이터 갱신

(1)의 처리만 됐는데 처리가 중단되면 예금은 인출됐지만 잔액이 변하지 않으므로 큰 문제가 된다. 따라서 (1), (2) 모두 실행하거나 어느 쪽도 실행되지 않게 해야 한다. 이처럼 데이터나 처리의 불일치가 발생하지 않게 하려고 ACID 특성이 사용된다.

- **원자성(Atomicity)**

  트랜잭션은 모두 실행되거나 실행되지 않아야 한다는 특성이다.

- **일관성(Consistency)**

  정해진 데이터베이스의 규칙을 만족해야 한다는 특성이다. 가령 고객 이름을 반드시 입력하게끔 데이터베이스를 설정했으나 이름 없는 고객이 추가된다면 일관성을 위반하는 것이다.

- **독립성(Isolation)**

  트랜잭션을 단독으로 실행할 때나 동시에 여러 개를 실행할 때 결과가 같아야 한다는 특성이다. 각 트랜잭션은 고립(격리)돼 있어 연속으로 실행된 것과 동일해야 한다. 이때 데이터베이스 상태도 동일해야 한다.

- **지속성(Durability)**

  하드웨어 등의 장애가 있어도 완료된 트랜잭션의 결과는 손실되지 않아야 한다는 특성이다. 즉, 해당 트랜잭션에 대한 로그가 남아 있어야 한다.

AWS에서 관계형 데이터베이스 사용

관계형 데이터베이스 서비스 RDS

Amazon Relational Database Service(이후 RDS)는 **관계형 데이터베이스**를 제공하는 서비스다.

OS나 **데이터베이스 엔진**의 관리는 AWS 측에서 수행하므로 이용자는 몇 분 만에 데이터베이스를 생성해 이용할 수 있다. EC2와 마찬가지로 종량 과금제이므로 RDS 인스턴스가 기동되는 시간만큼의 요금이 발생한다.

데이터베이스 엔진은 데이터베이스에 대한 데이터 등록, 갱신, 삭제 **처리를 관리하는 소프트웨어**다. 2022년 11월 기준, RDS는 다음 6개의 엔진을 지원한다.

- MySQL
- SQL Server
- MariaDB
- PostgreSQL
- Oracle
- Amazon
- Aurora

이 중 **Amazon Aurora**는 AWS가 클라우드용으로 구축한 데이터베이스다. MySQL 또는 PostgreSQL과 거의 동일하게 사용할 수 있게 두 가지 데이터베이스에 대한 호환성을 제공한다. Amazon Aurora의 특징은 이 장의 섹션 3에서 자세히 소개한다.

EC2나 온프레미스로 데이터베이스를 구축하면 사용자가 OS 설정이나 데이터베이스 엔진을 설치하고 설정해야 하므로 어느 정도 시간이 걸린다. 하지만 RDS를 사용하면 데이터베이스 엔진이 설정된 상태로 만들어지므로 데이터베이스를 즉시 사용할 수 있다.

RDS에서 데이터베이스를 생성하기 위해서는 AWS 관리 콘솔을 이용하거나 API를 이용한다. 관리 콘솔을 이용하면 그림 6-3과 같이 사용할 엔진과 인스턴스 크기 등을 선택해 쉽게 데이터베이스를 생성할 수 있다.

그림 6-3 필요한 정보를 입력하는 것만으로 데이터베이스를 즉시 생성

입력할 내용은 다음과 같다.

- 데이터베이스 엔진, 버전

- DB 인스턴스 식별자(이름)

- 마스터 사용자 이름, 암호(로그인에 사용)

- DB 인스턴스 클래스(인스턴스 유형, 머신 성능)

- 스토리지 유형 설정(용량 및 성능 결정)

- 다중 AZ 배포

- 네트워크 설정(배치할 Amazon VPC 등)

필요한 정보를 입력하고 생성하면 초기화 작업이 진행되고 수 분 내에 데이터베이스를 사용할 수 있게 된다.

데이터베이스 성능을 결정하는 인스턴스와 스토리지 유형

RDS도 EC2와 마찬가지로 선택한 **인스턴스**에 따라 성능이 달라진다.

RDS 인스턴스 유형

인스턴스의 성능(CPU, 메모리)은 인스턴스 크기를 선택해 결정한다. 인스턴스 크기의 명명 규칙은 다음과 같다.

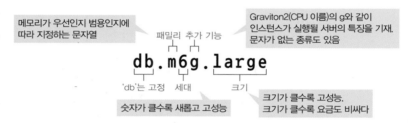

그림 6-4 RDS 인스턴스 크기 명명 규칙

이름 앞에 'db'가 고정된 것을 제외하고는 EC2와 동일한 규칙이다. 종량제 요금이며 시간당 단가는 인스턴스 크기에 따라 다르다. 고사양으로 갈수록 비싸진다.

스토리지 유형

EBS와 마찬가지로 RDS에서도 데이터 저장을 위한 스토리지 설정을 할 수 있다. 데이터베이스는 데이터를 저장하는 것이 주된 목적이기 때문에 스토리지 선정이 매우 중요하다. 사용할 수 있는 스토리지 유형은 표 6-2와 같다.

표 6-2 데이터를 저장하는 스토리지 유형

볼륨 유형	개요
범용 SSD	고성능으로 용량에 따라 읽기/쓰기 성능 결정
프로비저닝 IOPS SSD	고성능이며 지정한 읽기/쓰기 성능 확보
마그네틱 HDD	저렴한 비용

가용성 향상을 위한 예비 복제본과 읽기 성능 향상을 위한 읽기 전용 복제본

RDS는 데이터를 처리하는 **프라이머리 인스턴스** 외에 **예비 복제본(Standby replica)**을 다중 AZ에 배포해 가용성을 높일 수 있다. **고가용성**이란 시스템이 중단되지 않고 작동할 수 있는 능력으로, RDS에서는 이를 예비 복제본으로 구현한다. 이 구성을 **다중 AZ 배포**라고 한다.

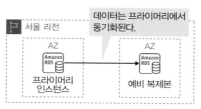

그림 6-5 중단되면 안 되는 시스템은 다중 AZ에 배치

프라이머리 인스턴스나 AZ에 장애가 발생하면 예비 복제본으로 전환해 데이터베이스를 계속 이용할 수 있다. 이 전환을 **장애 조치(Fail Over)**라고 한다.

응용 프로그램에서 RDS에 접속할 때는 **엔드포인트**라는 DNS 형식의 접속 정보를 사용한다. 프라이머리 인스턴스에 장애가 발생하면 이 엔드포인트의 목적지가 자동으로 예비 복제본으로 전환된다.

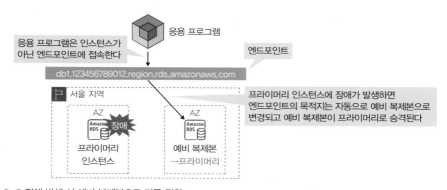

그림 6-6 장애 발생 시 예비 복제본으로 자동 전환

RDS에는 읽기 전용으로 사용할 수 있는 **읽기 전용 레플리카**라는 기능이 있다. 읽기 전용 레플리카는 프라이머리 인스턴스에서 복제된 인스턴스다. 읽기 요청이 늘어나면 인스턴스의 수를 늘리는 스케일아웃 방식으로 성능을 향상할 수 있다.

읽기 전용 레플리카는 어디까지나 읽기 전용이기 때문에 쓰기 성능을 향상할 수 없다. 쓰기 성능
은 인스턴스 크기를 변경하는 스케일업으로 성능을 향상해야 한다. 가용성 향상이 목적인 예비
복제본은 일반적으로 처리는 수행하지 않는 인스턴스이므로 성능 향상에 도움이 되지 않는다.

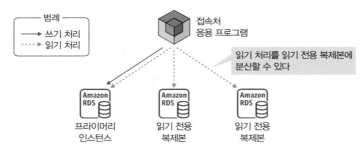

그림 6-7 읽기 전용 복제본으로 읽기 처리 성능 향상

RDS 보안 설정과 백업

RDS 접근 제어

RDS는 EC2와 마찬가지로 VPC 내에 생성된다. RDS 인스턴스를 생성하기 위해서는 최소한 두
개의 서브넷이 필요하다. 서브넷은 리전 내의 서로 다른 AZ를 지정해야 한다. 데이터베이스 접
근 제어는 EC2와 마찬가지로 보안 그룹과 네트워크 ACL에서 설정한다.

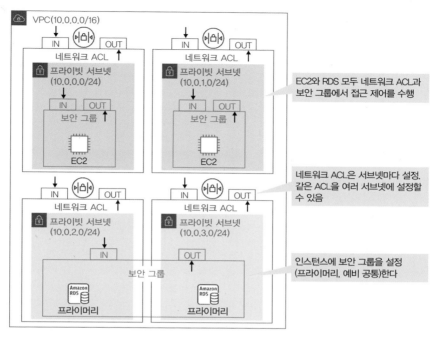

그림 6-8 RDS는 VPC 내에 생성한 뒤 접근 제어 설정

일반적으로 데이터베이스에 접속하는 것은 VPC 내에 구축한 응용 프로그램(EC2 등에서 가동)일 경우가 많기 때문에 해당 응용 프로그램에서만 데이터베이스에 접속할 수 있게 보안 그룹이나 네트워크 ACL로 적절하게 설정해야 한다.

데이터베이스 엔진 업데이트

접근 제어와 함께 중요한 것 중 하나가 데이터베이스 엔진 '업데이트'다. 데이터베이스 엔진이나 데이터베이스 엔진이 실행되는 OS에 취약점(보안 결함)이 발생할 수 있으므로 정기적으로 버전 '업그레이드'를 해야 한다.

이러한 버전 업그레이드는 AWS 측에서 실시하지만 '업데이트' 작업은 **유지 관리 기간**이라는 사용자가 설정한 시간대에 실시된다. 유지 보수 작업을 하면 RDS 인스턴스가 일시적으로 오프라인(사용 불가)이 되므로 데이터베이스 사용률이 높은 이용 시간을 피해 설정한다.

다중 AZ 배포를 사용하는 경우 예비 복제본→프라이머리 인스턴스 순서로 유지 보수가 실행된다. 접속이 발생하지 않는 인스턴스에 대해 유지 보수 작업을 수행하므로 영향을 줄일 수 있다. 그러나 데이터베이스 엔진 업그레이드(새 버전으로 변경)는 프라이머리 인스턴스와 예비 복제본이 동시에 업그레이드된다.

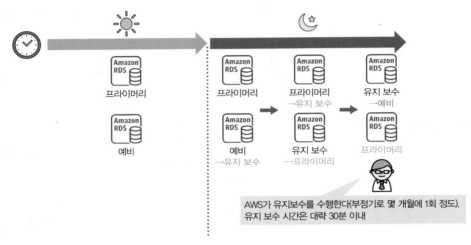

그림 6-9 AWS 측의 유지 보수 작업은 사용자가 설정한 시간대에 실시

데이터 백업

데이터 보호를 위해서는 데이터가 손상되거나 손실되는 경우 복구할 수 있어야 한다. 소프트웨어나 AWS의 장애, 사용자의 오작동으로 인해 데이터가 손상될 수 있다. 이러한 사태에서 데이터를 복구할 수 있게 데이터의 **백업**을 수행한다.

RDS는 **자동 백업 기능**이 있어서 사용자가 지정한 일 수만큼의 **스냅숏**이 자동 유지된다. 보존 일수는 0~35일 사이로 지정할 수 있으며 0은 자동 백업 기능을 비활성화하는 값이다. 첫 번째 스냅숏은 전체 데이터를 백업하지만 두 번째 이후의 스냅숏은 차분(처음 백업으로부터 변경된) 데이터만 백업한다. 기본적인 개념은 EBS 스냅숏과 동일하다.

스냅숏 취득 처리는 사용자가 지정한 **백업 윈도우**의 시간대에 실행된다(유지 보수 윈도우와는 다른 시간대를 지정한다). 사용자가 원하는 시간에 수동 스냅숏을 취득할 수 있다.

스냅숏 파일은 S3 버킷에 저장되므로 파일의 내구성은 매우 높다. S3에 보존되지만 사용자에게 는 S3 버킷의 파일로는 보이지 않는다. 구조상 S3가 사용되고 있을 뿐이다.

스냅숏은 백업된 데이터양에 대해 요금이 발생한다. 일반적으로 사용하는 RDS의 스토리지 요금 에 비해 10분의 1 정도의 요금이 발생한다.

그림 6-10 RDS의 자동 백업 기능을 이용해 지정된 일 수만큼 백업 데이터를 보관

스냅숏은 새 RDS 인스턴스를 생성하는 방식으로 복원할 수 있으며 기존의 RDS 인스턴스에는 복원할 수 없다.

특정 시점 복구(PITR, Point in Time Recovery)라는 기능을 이용해 특정 시간(최소 5분 전, 보존 기간 내)을 지정하고 복원할 수도 있다. 이는 데이터를 백업으로 계속 보존하는 용도보다 특정 시간으로 되돌리는 용도로 사용된다. 스냅숏과 데이터베이스의 변경 로그를 조합해 이 기 능을 구현했다.

03 고기능 Aurora의 편리한 특징

AWS에 최적화된 데이터베이스

Amazon Aurora(이후 Aurora)는 AWS가 클라우드용으로 구축한 데이터베이스다. 2014년 출시 직후 MySQL 호환 서비스를 제공했고, 2017년부터는 PostgreSQL 호환성을 추가했다. 응용 프로그램에서는 일반적인 MySQL이나 PostgreSQL과 동일하게 사용할 수 있다.

인스턴스 크기를 결정하고 VPC 내에 생성하는 기본적인 부분은 이전에 소개한 데이터베이스 엔진과 같다. 여기에서는 Aurora만의 기능을 몇 가지 소개한다.

Aurora는 **DB 클러스터**라는 단위로 관리되며 처리를 수행하는 하나 이상의 DB 인스턴스와 데이터를 관리하는 **클러스터 볼륨**으로 구성된다. 클러스터 내의 인스턴스에서 스토리지가 공유되는 것이 특징이다. 일반 데이터베이스 엔진에서는 EBS가 인스턴스에 연결돼 인스턴스별로 데이터가 관리된다.

클러스터 볼륨은 3개의 AZ에 2개씩 **총 6개의 사본**을 작성해 높은 내결함성을 갖는다. 입력 처리는 병렬로 실행되므로 사본을 만들기 위해 처리가 느려지는 일은 없다.

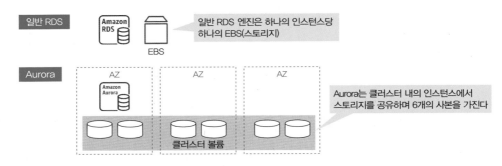

그림 6-11 Aurora의 구조

총 6개의 사본이므로 Aurora에서는 **쿼럼 모델**이라는 복제 관리(데이터의 복제를 만들어 원본과 별도로 저장하는 것) 구조가 사용되고 있으며 쓰기 처리는 6개 중 4개, 읽기 처리는 6개 중 3개가 성공하면 클라이언트에 성공이라고 반환한다.

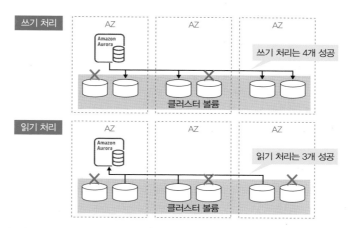

그림 6-12 6개의 사본을 쿼럼 모델로 관리

AWS에 최적화된 Aurora 기능

Aurora는 구조 차이 외에도 몇 가지 고유 기능이 있다.

먼저 소개할 것은 **Aurora 복제**다. 일반 RDS는 가용성 향상을 위한 예비 복제와 읽기 성능 향상을 위한 읽기 복제를 준비해야 한다. Aurora 복제는 1개로 가용성 향상과 읽기 성능 향상을 모두 달성할 수 있다. Aurora 복제는 평상시에는 읽기 처리를 수행해 읽기 성능 향상을 올리고, 장애가 발생하면 그 즉시 프라이머리 인스턴스로 전환(페일 오버)된다.

여러 개의 Aurora 복제를 생성해 읽기 처리를 분산할 수 있다. 응용 프로그램에는 **읽기용 엔드포인트**의 URL을 지정해 각 복제에 분산 처리를 할 수 있다. 응용 프로그램에서는 1개의 데이터베이스에만 접속하는 것처럼 구성된다.

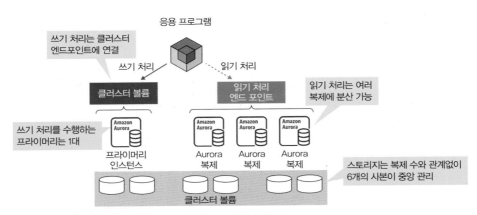

그림 6-13 Aurora 레플리카로 가용성과 읽기 성능을 모두 높일 수 있다

스토리지도 Aurora가 유리하다. 일반 RDS 엔진은 디스크 성능 요건에 맞게 스토리지 유형과 확보할 용량(예: 100GB)을 사용자가 결정한다. Aurora에서는 스토리지 유형과 용량을 지정할 필요가 없다. 스토리지 관리는 AWS가 수행한다.

Aurora의 클러스터 볼륨(스토리지)은 데이터양에 따라 최대 128TB까지 자동으로 증가한다. 사용자는 여유 공간이나 스토리지 크기 지정으로 고민할 필요가 없다.

백업도 Aurora에는 자체 자동 백업 기능이 있다. 이 백업은 설정된 보존 기간만큼 지속해서 차분 데이터를 취득한다. 즉, 보존 기간 내 임의의 시점으로 복원할 수 있다. 보존 기간은 1~35일로 지정할 수 있으며 S3에 저장된다. 기본 보존 기간은 1일이며 0은 백업을 비활성화하는 값이다. 다른 RDS에서는 스냅숏+변경 로그 형태로 특정 시점으로 복구하지만 Aurora는 독자적인 기능과 자동 백업(비활성화 불가)으로 복구한다.

다른 데이터베이스 엔진과 마찬가지로 스냅숏 기능도 있어서 장기간(35일 이상) 백업을 보존할 때 이를 활용할 수도 있다.

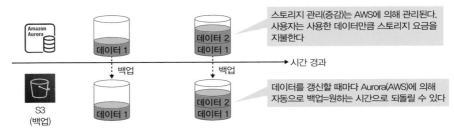

그림 6-14 Aurora의 스토리지 관리와 자동 백업

Aurora는 그 밖에도 편리하게 사용할 수 있는 다양한 고유 기능을 가지고 있다.

- 다중 리전에 걸친 글로벌 데이터베이스

- 두 개의 기본 인스턴스가 있는 멀티 마스터 클러스터

- 인스턴스 크기 지정이 필요하지 않은 Aurora Serverless

- S3와 연계한 파일 내보내기, 가져오기 기능

RDS에서 데이터베이스를 만들 때 어떤 데이터베이스 엔진을 선택할지 고민하는 경우가 많다. AWS에 최적화된 Aurora를 우선적으로 검토하고, Aurora를 사용할 수 없는 환경에서는 다른 RDS를 사용하는 방법도 좋을 것이다.

04 키와 값의 조합으로 데이터 관리

키-값 데이터베이스란

Amazon DynamoDB(이후 DynamoDB)는 key-value 형(이후 키-값) 데이터를 저장하는 데이터베이스다. 단순한 데이터 구조이므로 복잡한 검색은 할 수 없지만 고속으로 데이터 추출을 할 수 있다.

키-값이라는 이름에서 유추할 수 있듯이 키의 이름과 그에 대한 값으로 구성된 데이터다. 키와 값이 하나의 쌍으로 구성되면 되기 때문에 데이터 형태로는 자유도가 매우 높지만 관계형 데이터베이스(RDB)처럼 표 형식으로 저장돼 있지 않기 때문에 집계나 검색이 매우 어렵다.

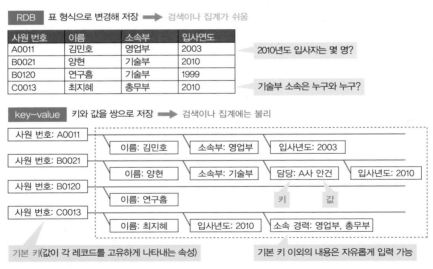

그림 6-15 관계형 데이터베이스와 키-값 데이터베이스의 차이

키-값 형의 데이터베이스에서는 일련의 데이터를 '레코드'라고 하며 레코드의 각 항목(키와 값)을 '속성'이라고 한다. 앞의 그림처럼 각 레코드가 고유하게 특정할 수 있는 속성(기본 키라고 함)을 가지고 있으면 다른 속성은 어떤 것을 가지고 있어도 상관없다. 각 레코드는 기본적으로 기본 키로만 검색할 수 있다.

DynamoDB란

DynamoDB는 AWS가 만든 고속 키-값 데이터베이스다.

키-값 데이터는 기본적으로 프라이머리 키로만 검색해 데이터를 가져온다. DynamoDB도 내부적으로 프라이머리 키 검색을 쉽게 할 수 있게 데이터를 정리해 보존한다.

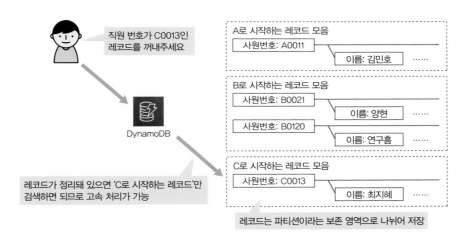

그림 6-16 DynamoDB는 키-값 형태 데이터를 고속으로 처리 가능

DynamoDB는 서버리스라는 특징도 있다. 사용자는 레코드의 집합체인 '테이블'을 생성할 뿐 테이블 조작 요청은 모두 DynamoDB가 처리하기 때문에 사용자가 서버 관리를 하지 않아도 된다. 사용자는 테이블 이름과 프라이머리 키만 지정하면 바로 DynamoDB를 이용할 수 있다.

EC2나 RDS와 같이 사용자가 인스턴스(=서버)를 소유한다는 개념이 없고 DynamoDB라는 하나의 서비스가 요청을 처리
사용자는 테이블을 생성하고 관리만 수행
테이블 A의 레코드❶을 주세요
테이블 B의 레코드❷를 주세요
DynamoDB
테이블 A
레코드 ❶
레코드 ❷
레코드 ❸
테이블 B
레코드 ❶
레코드 ❷
테이블별로 다음과 같은 설정을 추가하는 것도 가능
· 확실히 처리하고 싶은 요청량
· 보존 데이터 암호화
· 검색용 키 추가

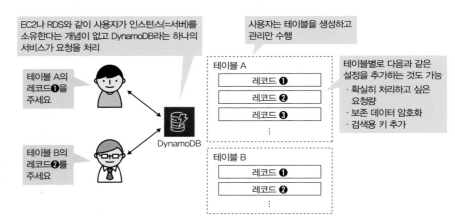

그림 6-17 DynamoDB는 인스턴스를 만들지 않고 사용 가능(서버리스)

기본적인 설정은 돼 있으므로 사용자는 그림 6-18에 있는 설정만 하면 된다.

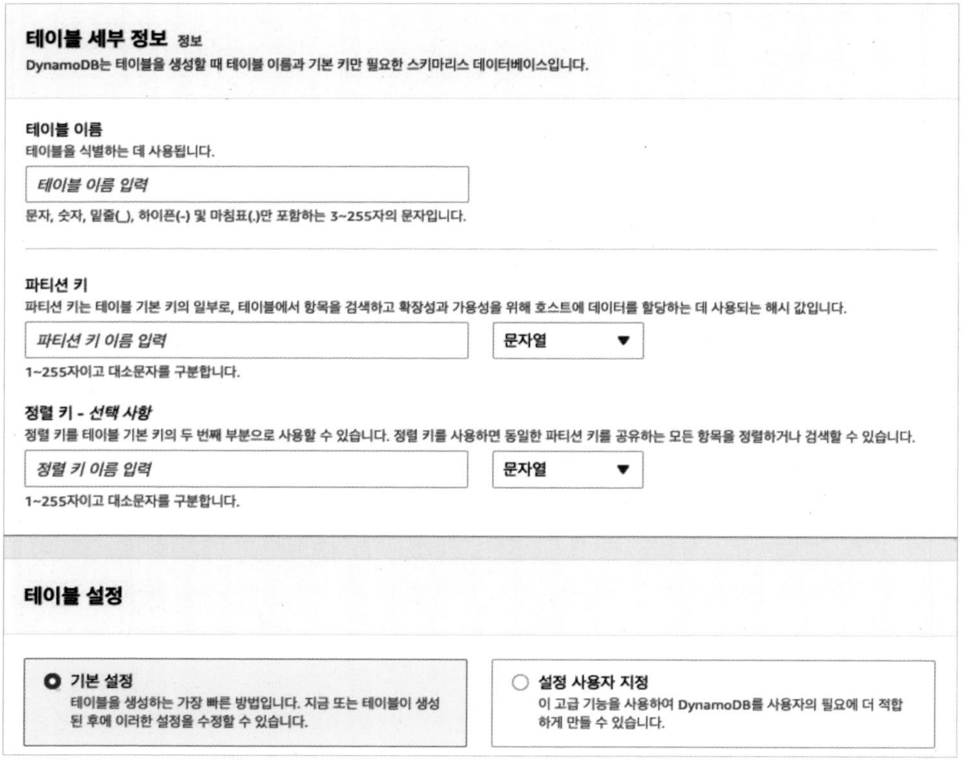

테이블 세부 정보 정보
DynamoDB는 테이블을 생성할 때 테이블 이름과 기본 키만 필요한 스키마리스 데이터베이스입니다.
테이블 이름
테이블을 식별하는 데 사용됩니다.
테이블 이름 입력
문자, 숫자, 밑줄(_), 하이픈(-) 및 마침표(.)만 포함하는 3~255자의 문자입니다.
파티션 키
파티션 키는 테이블 기본 키의 일부로, 테이블에서 항목을 검색하고 확장성과 가용성을 위해 호스트에 데이터를 할당하는 데 사용되는 해시 값입니다.
파티션 키 이름 입력
문자열
1~255자이고 대소문자를 구분합니다.
정렬 키 - 선택 사항
정렬 키를 테이블 기본 키의 두 번째 부분으로 사용할 수 있습니다. 정렬 키를 사용하면 동일한 파티션 키를 공유하는 모든 항목을 정렬하거나 검색할 수 있습니다.
정렬 키 이름 입력
문자열
1~255자이고 대소문자를 구분합니다.
테이블 설정
기본 설정
테이블을 생성하는 가장 빠른 방법입니다. 지금 또는 테이블이 생성된 후에 이러한 설정을 수정할 수 있습니다.
설정 사용자 지정
이 고급 기능을 사용하여 DynamoDB를 사용자의 필요에 더 적합하게 만들 수 있습니다.

그림 6-18 DynamoDB 테이블 생성

DynamoDB 이용 요금

DynamoDB는 서버리스 서비스이므로 사용자는 데이터의 집합인 '테이블'만 소유하는 형태가 된다. 데이터 보존 스토리지는 테이블의 데이터양에 따라 필요한 크기를 할당받으며 이와 관련된 조작은 DynamoDB가 직접 수행한다.

이용 요금은 약간 특이한데, 요청을 처리할 양을 예약하고 그 양만큼 요금이 부과된다. 그리고 데이터 보관료가 발생한다. 처리량은 예약하지 않고 무제한으로도 설정할 수 있다. 무제한으로 설정하는 경우 이용한 만큼 요금이 발생한다.

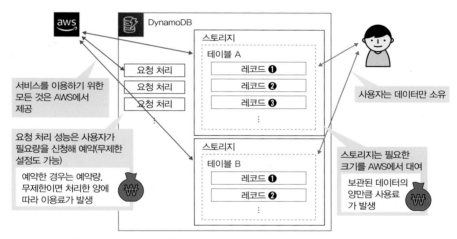

그림 6-19 요청 처리량과 테이블 데이터 보관에 요금이 부과된다

요청 처리량 예약은 '1초에 몇 번, 읽기/쓰기 요청을 받아들일 것인지'를 지정하는 것이다. DynamoDB는 예약량을 초과하는 요청에 대해 오류를 반환하지만 Auto Scaling을 사용하면 실제 요청 수에 따라 지정된 범위 내에서 예약량을 자동으로 변경할 수 있다.

또한 처음부터 예약량을 지정하지 않고 발생한 요청을 전부 처리해서 실제로 처리된 요청 수에 따라 요금을 지불할 수도 있다.

처리량은 **커패서티 유닛**으로 불리며 **RCU**(Read Capacity Unit), **WCU**(Write Capacity Unit)로 표기한다. 처리량을 예약하는 방식을 프로비저닝 용량 모드, 예약하지 않는 방식을 온디맨드 용량 모드라고 한다. 요청 수를 예측할 수 없는 경우에는 온디맨드 용량 모드가 편리하지만 요청량이 많으면 예상 이상의 요금이 발생하므로 주의해야 한다.

DynamoDB 보수

DynamoDB에서 사용자의 소유물은 데이터(테이블)뿐이다. 데이터를 사용하기 위한 시스템(요청 엔드포인트 및 스토리지)은 AWS가 제공하며 사용자의 커패서티 유닛이나 데이터 암호화 설정에 따라 알맞게 동작한다. 따라서 사용자는 테이블 구조 검토나 백업 계획과 같은 데이터 유지 보수만 고려하면 된다.

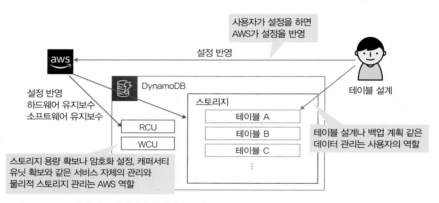

사용자가 설정을 하면
AWS가 설정을 반영

설정 반영

aws

DynamoDB

스토리지

설정 반영
하드웨어 유지보수
소프트웨어 유지보수

RCU

WCU

테이블 A

테이블 B

테이블 C

테이블 설계

테이블 설계나 백업 계획 같은
데이터 관리는 사용자의 역할

스토리지 용량 확보나 암호화 설정, 캐퍼서티
유닛 확보와 같은 서비스 자체의 관리와
물리적 스토리지 관리는 AWS 역할

그림 6-20 DynamoDB 사용자는 테이블에 대해서만 고려

AWS에서는 장애 대비를 위해 DynamoDB 데이터를 이중화하여 저장한다. 3개의 AZ에 실시간으로 데이터를 복제해 어느 하나의 AZ에 장애가 발생하더라도 문제없이 서비스를 이용할 수 있다.

DynamoDB에는 **특정 시점 복구(PITR)**라는 실시간 백업 기능이 있다. PITR을 활성화하면 지난 35일 내 임의의 시점으로 테이블 데이터를 되돌릴 수 있어 갑자기 데이터 손실이 발생해도 대응할 수 있다. 또한 임의의 시점을 지정해 백업을 취득할 수 있다. 수동으로 취득한 백업은 무기한으로 보관할 수 있어서 특정 시점의 데이터를 보존하고자 할 때 유용하다.

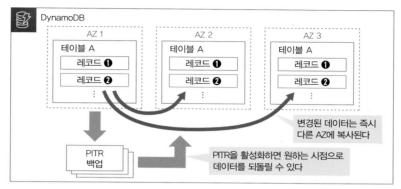

그림 6-21 DynamoDB 데이터가 손실되지 않도록 하는 구조

DynamoDB는 API를 사용한 조작 외에 관리 콘솔에서도 데이터를 표시하거나 편집할 수 있어 쉽게 데이터를 관리할 수 있다. 백업 취득도 클릭 몇 번으로 할 수 있다.

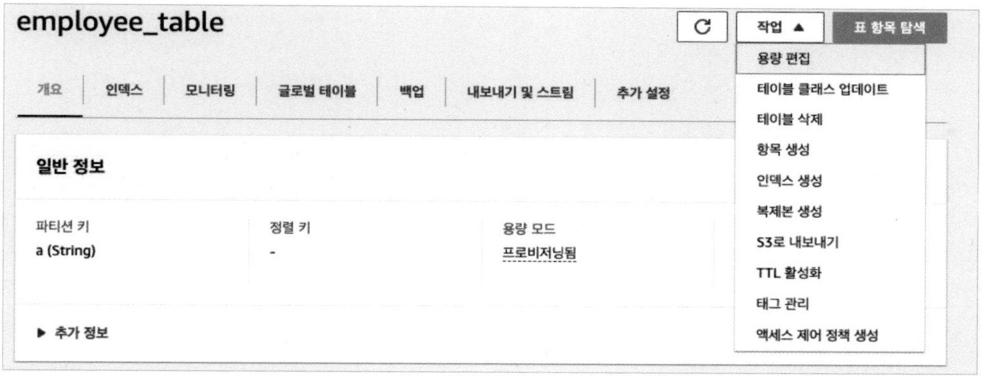

그림 6-22 DynamoDB의 테이블 관리 기능

DynamoDB 이용 예

DynamoDB는 하루에 10조 건 이상, 초당 2,000만 건 이상의 요청을 고속(0.01초 단위)으로 처리할 수 있다. 이 강점을 살릴 수 있는 모바일, 웹, 게임, 광고, IoT와 같이 데이터 교환이 매우 많고 사용자에게 빠른 응답이 필요한 응용 프로그램에 이용된다.

IoT 기술을 이용한 차량 위치 추적 시스템, 게임의 순위 시스템(리더 보드), 웹 광고의 클릭 수 관리 같은 것은 실시간 업데이트와 확인이 필요한 시스템으로 DynamoDB를 사용하기에 좋다.

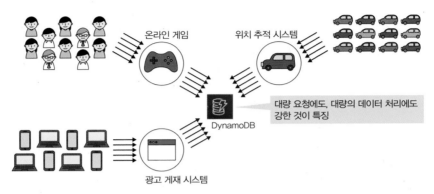

그림 6-23 대량의 요청을 빠르게 처리해야 하는 응용 프로그램에 사용

05 데이터 분석을 위한 대량의 데이터 수집

키워드 ▪ Amazon Redshift

분석용 데이터베이스 Redshift

Amazon Redshift(이후 Redshift)는 **데이터 분석**을 위한 **데이터 웨어하우스 서비스**다. 웨어하우스(Warehouse)는 창고라는 의미로, 짐을 창고에 쌓아두듯이 데이터를 쌓아두는 역할을 하기 때문에 데이터 웨어하우스라고 한다.

다른 리전에 있는 대량의 S3나 RDS 데이터를 Redshift로 가져와 SQL이나 BI(Business Intelligence[1]) 도구를 이용해 분석할 수 있게 해준다.

Redshift를 비롯해 많은 분석 데이터베이스는 **열 지향 스토리지**라는 구조로 돼 있다. 이해를 위한 예로 다음과 같은 데이터에서 학생의 평균 점수를 분석해 산출해보자.

표 6-3 학생 데이터 테이블

학생 번호	이름	점수	성별	출신지
001	양현	90	남	강원도
002	김민호	86	남	전라남도
003	연구흠	77	남	충청도
004	최지혜	91	여	경기도

평균을 내기 위한 데이터는 학생별 **행**이 아닌 점수라는 **열**을 사용해야 한다는 것을 알 수 있다. 이처럼 분석은 일반적으로 열 단위로 실행되므로 열별로 데이터를 보존하면 분석이 쉬워지고 성능 효율이 높아진다.

RDS와 마찬가지로 데이터 조작을 위해서는 **SQL**을 사용한다.

---

1 (옮긴이) 데이터를 통합/분석해 기업 활동과 관련된 의사 결정을 돕는 프로세스. 가트너(Gartner)에서는 '여러 곳에 산재해 있는 데이터를 수집해 체계적이고 일목요연하게 정리함으로써 사용자가 필요로 하는 정보를 정확한 시간에 제공할 수 있는 환경'이라고 정의하고 있다.

데이터를 분석하는 경우(평균 산출 등) 열 단위로 처리

분석하기 쉽게 열별로 데이터를 저장

학생 번호	이름	점수	성별	출신지
0001	양현	90	남	강원도
0002	김민호	86	남	전라남도
0003	연구흠	77	남	충청도
0004	최지혜	91	여	경기도

학생 번호	이름	점수	성별	출신지
0001	양현	90	남	강원도
0002	김민호	86	남	전라남도
0003	연구흠	77	남	충청도
0004	최지혜	91	여	경기도

그림 6-24 분석용 데이터는 열별로 저장해 효율을 높인다

Redshift는 SQL 연결을 받아들이는 **리더 노드**와 스토리지 및 SQL 문을 실행하는 **컴퓨터 노드**라는 두 가지 노드로 구성된다. 컴퓨터 노드는 여러 개 존재하므로 처리를 분산해 고속으로 실행한다.

최신 Redshift는 **RA3**라는 노드 유형을 사용한다. RA3는 캐시(임시) 데이터를 컴퓨팅 노드로 가져오고 실제 데이터는 S3에 보관한다. 이 S3 버킷은 Redshift에서 관리하는 것으로, 사용자는 볼 수 없다. S3는 비용이 낮아 캐시 데이터로 빠른 분석을 가능하게 하면서도 낮은 비용으로 이용할 수 있다.

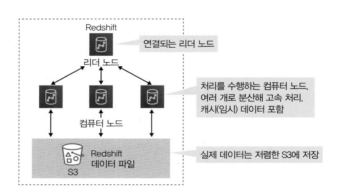

Redshift

연결되는 리더 노드

리더 노드

처리를 수행하는 컴퓨터 노드. 여러 개로 분산해 고속 처리. 캐시(임시) 데이터 포함

컴퓨터 노드

Redshift 데이터 파일 S3

실제 데이터는 저렴한 S3에 저장

그림 6-25 Redshift 구성. 고속 처리와 저비용을 동시에 실현

Redshift는 분석 및 데이터 읽기에 특화된 데이터베이스이므로 SQL의 INSERT 문이나 UPDATE 문을 실행해 데이터를 하나씩 삽입하는 것은 권장하지 않는다. 대신 **COPY 명령**을 사용해 S3 버킷에서 여러 개의 텍스트 데이터를 병렬로 업로드하는 것을 추천한다. S3 외에도 DynamoDB, EC2와 같은 외부 서버로부터 COPY를 사용한 업로드도 가능하다.

06 데이터베이스 마이그레이션에 도움이 되는 2가지 서비스

데이터베이스 마이그레이션의 중요성

노후화된 기기를 교체하거나 처리 성능 향상을 위해 데이터베이스 엔진을 다른 기기로 옮기거나 변경하는 상황은 종종 발생한다. 응용 프로그램을 AWS나 다른 서버로 마이그레이션하는 것은 크게 어렵지 않지만, 현재 가동 중인 서비스의 데이터베이스를 옮기는 것은 꽤 어렵고 복잡하다.

시스템 마이그레이션[2]을 할 때 데이터베이스 마이그레이션이 가장 어려우며 다운타임 (Downtime—서비스 중단 시간)에도 큰 영향을 미친다.

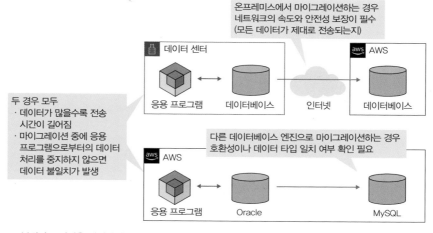

그림 6-26 복잡하고 어려운 데이터베이스 마이그레이션

---

2 (옮긴이) Migration – 이전한다는 의미

AWS Database Migration Service

AWS Database Migration Service(이후 DMS)는 이름 그대로 데이터베이스를 마이그레이션하기 위한 서비스다. 현재의 데이터베이스에서 새로운 데이터베이스로 쉽게 데이터를 옮기는 역할을 한다. 단순히 데이터를 옮기는 것뿐만 아니라 데이터 형식을 맞춰 옮겨주거나 마이그레이션 도중에 발생한 원본 데이터의 변경 내용도 추적해 반영할 수 있다. 그리고 마이그레이션이 완료된 후 데이터에 문제가 없는지 검증하는 기능도 제공한다.

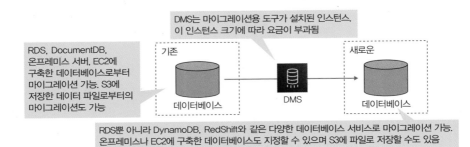

그림 6-27 DMS는 데이터베이스의 이행을 위한 서비스

AWS Schema Conversion Tool

데이터베이스의 데이터 구조를 **스키마**라고 한다. 데이터베이스 엔진마다 스키마 형식은 다른데, 스키마는 데이터베이스 설계도라고도 한다. '데이터베이스 엔진마다 데이터를 담는 그릇의 모양이 다르다'라고 생각하면 이해하기 쉽다.

따라서 서로 다른 데이터베이스 엔진에 데이터를 마이그레이션할 때 데이터 자체를 옮기기 전에 먼저 스키마를 변환(즉 기존 데이터베이스의 데이터를 새로운 데이터베이스의 데이터 형식에 맞게 변환)하는 작업이 필요하다. 이 스키마를 변환하기 위한 도구가 **AWS Schema Conversion Tool(이후 SCT)**이다. SCT는 AWS가 제공하는 PC용 응용 프로그램이다. 윈도우 외에도 맥OS와 리눅스에 대응하며 SCT를 이용해 각 데이터베이스에 접속하면 자동으로 스키마 변환을 할 수 있다.

마이그레이션을 진행하기 전에 SCT를 사용해 스키마 변환에 대한 평가 보고서도 확인할 수 있다. 자동으로 마이그레이션이 불가능하다거나 기존 데이터베이스에서는 지원했지만 새로운 데이터베이스에서는 지원하지 못하는 기능과 같이 마이그레이션을 한 뒤 나타날 수 있는 문제점을 미리 확인할 수 있다.

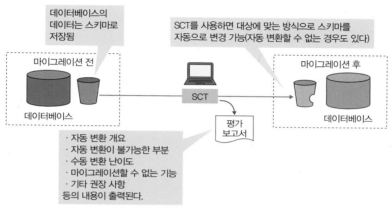

그림 6-28 데이터베이스 스키마 변환을 위한 도구 SCT

'Oracle에서 MySQL로 마이그레이션'과 같이 다른 데이터베이스 엔진으로의 마이그레이션은 다음 그림처럼 SCT와 DMS를 함께 사용한다.

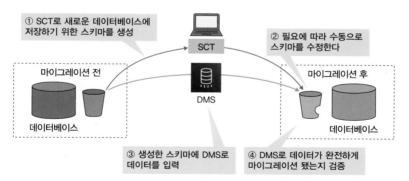

그림 6-29 다른 데이터베이스 엔진으로 마이그레이션할 때 SCT와 DMS를 함께 사용

07 다양한 데이터베이스를 지원하는 7가지 서비스

키워드 ■ Amazon ElastiCache ■ Amazon MemoryDB ■ Amazon DocumentDB ■ Amazon Neptune
■ Amazon Quantum Ledger Database ■ Amazon Managed Blockchain ■ Amazon Timestream

다양한 데이터베이스 서비스

데이터베이스에서 다룰 수 있는 데이터는 다양하다. 특정 데이터 구조에 더 특화된 데이터베이스도 있으며 고유의 특징을 가진 데이터베이스도 있다. 관계형 데이터베이스(RDB) 외의 데이터베이스는 일반적으로 **NoSQL(Not Only SQL)**이라고 한다.

AWS는 이런 다양한 데이터베이스에 대응할 수 있게 많은 종류의 데이터베이스 서비스를 제공한다.

Amazon ElastiCache

Amazon ElastiCache(이후 ElastiCache)는 **인 메모리 데이터 스토어** 서비스다. 인 메모리 데이터 스토어는 서버의 주기억장치(메모리)에 데이터를 저장해 SSD나 HDD 같은 보조 기억장치에 데이터를 저장하는 것보다 고속으로 데이터를 읽고 쓸 수 있게 해준다. 일반적으로 읽기/쓰기 속도를 올리기 위해 메모리를 활용하는 '캐싱'과 동일하게 사용되기 때문에 '**인 메모리 캐싱**'이라고도 한다. 메모리에 저장되기 때문에 속도는 매우 빠르지만[3] 시스템이 정지되면 메모리에 저장된 데이터도 모두 삭제된다는 단점이 있다.

ElastiCache는 완전 관리형 서비스로 응용 프로그램 및 데이터베이스 성능을 가속화할 수 있으며, 세션 스토어, 게임 리더보드, 스트리밍 및 분석과 같이 내구성이 필요하지 않은 서비스에서는 기본 데이터 스토어로 사용할 수 있다. ElastiCache는 Redis 및 Memcached와 호환된다.

현재 **ElastiCache for Memcached** 및 **ElastiCache for Redis**라는 2가지 서비스가 제공되며 모두 키-값 데이터베이스를 지원한다.

---

3 읽기/쓰기 속도 0.001초 미만

Amazon MemoryDB

ElastiCache는 고속인 대신 데이터가 사라질 수 있다는 단점이 있다. AWS에서는 이 단점을 해결하기 위해 데이터의 지속성을 확보하면서 빠른 읽기 및 쓰기가 가능한 **Amazon MemoryDB for Redis**라는 서비스를 제공한다. Redis는 메모리뿐만 아니라 보조 저장 장치에도 데이터를 저장해 메모리의 데이터가 사라지더라도 복구할 수 있는 기능을 갖추고 있다.

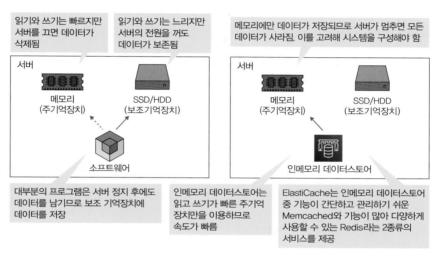

그림 6-30 메모리에만 데이터를 저장하는 MemoryDB

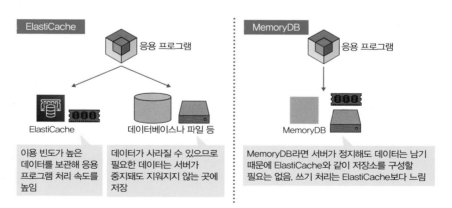

그림 6-31 ElastiCache와 MemoryDB의 각 특징

읽기 요청에 대한 처리는 ElastiCache와 비슷한 속도를 내지만 데이터 저장을 위한 처리가 많으므로 쓰기 요청에 대한 처리는 약간 느리다.

Amazon DocumentDB

Amazon DocumentDB(이후 DocumentDB)는 문서 지향 데이터베이스[4]를 제공하는 서비스다. DocumentDB는 MongoDB라고 하는 소프트웨어와 호환성이 있다. 이름 그대로 문서 데이터를 저장하는 데 뛰어난 데이터베이스로 데이터를 JSON 형식으로 보관하고 해당 내용을 검색할 수 있다.

JSON 형식도 키와 값의 조합으로 표현되는 데이터지만 프라이머리 키로만 레코드를 검색할 수 있는 키-값 데이터베이스와는 달리 JSON 내의 모든 요소를 이용해 레코드를 검색할 수 있다.

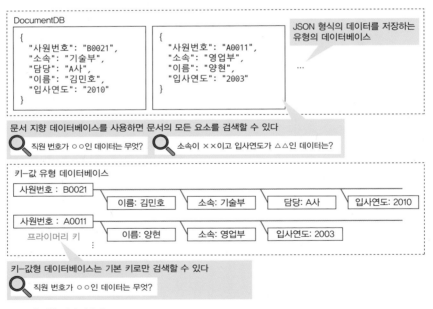

그림 6-32 문서 지향 데이터베이스 DocumentDB

---

4 (옮긴이) Document-oriented database. Document store라고도 하며, 정형화되지 않은(반정형) 데이터를 저장하고 관리하기 위해 설계된 데이터 저장 시스템.

Amazon Neptune

Amazon Neptune(이후 Neptune)은 그래프 데이터베이스(그래프 구조를 가진 데이터를 저장하기 위한 데이터베이스)를 제공하는 서비스다. 그래프 구조는 데이터 간의 관계성을 나타내는 데 특화된 구조로, 각 데이터를 나타내는 '노드(node)', 관계(relationship)를 나타내는 '엣지(edge)', 노드 및 관계의 내용을 나타내는 '속성(proterty)' 3가지 요소로 구성된다.

SNS의 사용자 관계도가 그래프 데이터베이스의 대표적인 예다. 사용자의 팔로우 정보, 차단 정보와 같은 관계성 정보는 그래프 구조를 이용하면 쉽게 나타낼 수 있다.

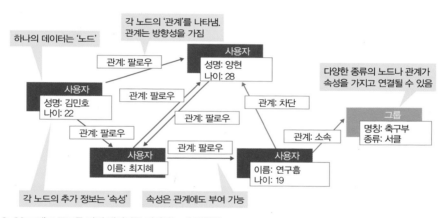

그림 6-33 그래프 구조를 가진 데이터를 저장하는 데 적합한 Neptune

Amazon Quantum Ledger Database

Amazon Quantum Ledger Database(이후 QLDB)는 원장 데이터를 관리하는 데이터베이스다. 저널이라는 로그 데이터에 기록되는 데이터의 변경 이력을 차례로 기록하는 방식이다. 저널은 추가만 가능하며 변경이나 삭제를 할 수 없는 구조로 돼 있어 신뢰성이 높다.

현재의 데이터와 데이터의 변경 이력이 중요한 은행 거래나 제조 이력 관리, 보험료 청구 처리와 같은 시스템에서 사용하기에 좋다.

Amazon Managed Blockchain

Amazon Managed Blockchain(이후 AMB)은 블록체인 네트워크를 구축하는 서비스다. 블록체인이란 분산형 원장 기술의 한 종류로, 데이터의 변경 내역을 기록하는 원장을 네트워크에 참여한 여러 서버에서 협력해 관리하는 시스템이다. 원장을 기록하는 데이터베이스라는 점은 QLDB와 비슷하지만 한 곳에서 데이터를 집계해 관리하는 QLDB와 달리 데이터를 여러 곳에 분산시켜 보관하는 기술이므로 엄밀히 말하면 데이터베이스는 아니다.

한 곳에서 관리되지 않아도 되는 이력은 블록체인에 저장해서 분산 관리할 수 있다. 개인 간의 금융 거래나 무역에서의 수출입 이력 관리가 이에 해당한다. 블록체인 기술을 활용한 가장 유명한 것으로는 비트코인이 있다.

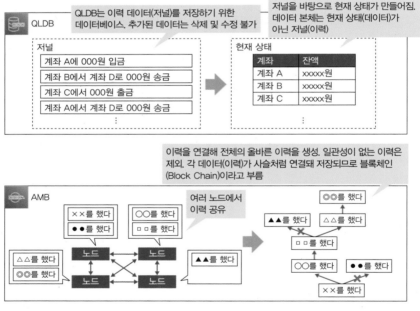

그림 6-34 원장 데이터베이스의 QLDB와 블록체인을 구축하는 AMB

Amazon Timestream

Amazon Timestream은 시계열 데이터베이스를 제공하는 서비스다. 센서 등에서 보내오는 시간마다 변화하는 값을 순차적으로 기록하기에 적합한 데이터베이스로 RDB의 최대 1,000배의 속도로 하루에 수조 개의 이벤트를 처리할 수 있다. 시계열 데이터의 분석을 위해 만들어졌으며 데이터의 평활화(Equalization), 근사, 보간 기능 등을 이용한 분석도 가능하다.

2개의 온습도계의 시계열 데이터를 저장하는 예

ID	시간	온도	습도
0001	2021/09/28 23:00	24℃	69%
0002	2021/09/28 23:00	22℃	63%
0001	2021/09/28 23:01	23℃	69%
0002	2021/09/28 23:01	23℃	64%
	⋮		

RDB에서는 이와 같이 기기별, 시간별 데이터를 저장하는 형태

시계열 데이터베이스에서는 각 시간에 대해 하나의 값이 대응하도록 구성돼 특정 데이터의 시계열 변화 추적 가능. 또한 지정 시간 폭의 데이터 평균값이나 최댓값의 산출, 값의 합계와 같은 시계열 데이터를 취급할 수 있음

ID	시간	온도
0001 : 온도	2021/09/28 23:00	24℃
	2021/09/28 23:01	23℃
0001 : 습도	2021/09/28 23:00	69%
	2021/09/28 23:01	69%
	⋮	
0002 : 온도	2021/09/28 23:00	22℃
	2021/09/28 23:01	23℃
	⋮	
0002 : 습도	2021/09/28 23:00	63%
	2021/09/28 23:01	64%
	⋮	

그림 6-35 센서 데이터와 같은 처리에 적합한 데이터베이스 TimeStream

칼럼 이 책에서 자세히 설명하지 않은 AWS 서비스에 대해

이 책에 이름이 등장하는 일부 AWS 서비스 중 자세히 설명하지 않은 서비스가 있다. 이 칼럼에서 해당 서비스에 대해 간단히 설명한다.

Amazon Simple Email Service(Amazon SES)

메일을 보내기 위한 서비스다. 대량 메일 전송이 가능한 성능을 갖추고 있을 뿐만 아니라 스팸 메일로 걸러지지 않고 상대방에게 전달되게 최적화된 전송 프로세스를 갖추는 등 효율적으로 메일을 보낼 수 있는 기능이 있다.

Amazon EventBridge

응용 프로그램이나 AWS 서비스에서 발생하는 이벤트를 다른 응용 프로그램 또는 AWS 서비스와 연동하는 서비스다. 또한 시간을 지정해 Amazon EventBridge 자체에서 이벤트를 발생시킬 수도 있다.

Amazon Simple Notification Service(Amazon SNS)

메시지를 전송하는 서비스로 응용 프로그램 간 메시지 전송, 사용자에게 SMS 전송, 모바일 푸시 알림과 메일 전송을 할 수 있다.

AWS Marketplace

AWS를 사용해 제품을 제공하는 타사 솔루션(소프트웨어, 데이터, 서비스)을 사용(검색, 구매, 배포 및 관리)하기 위한 카탈로그 서비스다. 고객은 AWS Marketplace를 통해 타사에서 제공하는 AWS 제품을 구매하고 사용할 수 있다.

엣지 로케이션

서비스 이름은 아니지만 CloudFront나 Route 53과 같이 전 세계적으로 배포되는 서비스에서 사용되는 사이트를 말한다. 지역 및 가용 영역과는 별도의 데이터 센터에 설치된다.

Chapter

7

보안 관련
서비스

AWS는 보안과 관련된 다양한 서비스도 제공한다. 각 서비스의 역할과 AWS의 시스템을
보다 안전하게 보호하는 방법을 소개한다.

01 AWS를 시작하기 위한 첫 걸음

키워드 ■ 정보 보안의 3대 요소 ■ AWS의 보안 개념

정보 보안 3대 요소

시스템에서 **정보 보안**이란 저장한 정보를 안전하게 보호하는 것을 말한다. 안전하게 정보를 보호하기 위해서는 정보 보안의 3대 요소인 **기밀성, 무결성, 가용성**을 지켜야 한다.

기밀성이란 정보가 유출되지 않도록 관리하는 것을 말한다. 오직 인가된 사람이나 프로세스, 시스템만 알 필요성에 근거해 시스템에 접근해야 한다는 원칙이다.

무결성이란 정보가 손상되거나 손실되지 않고 최신의 상태인 것을 말한다. 정보의 변경 관리를 문제없이 실시해 예상되지 않은 변조 등의 부정 조작으로부터 지켜야 한다는 원칙이다.

가용성이란 정보를 언제나 사용할 수 있게 하는 것을 말한다. 시스템 장애 등으로 정보가 필요할 때 사용할 수 없는 상태면 안 된다. 데이터를 사용할 수 없는 상태가 되면 즉시 백업된 데이터로 복구해야 한다.

정리하자면 관리하는 정보를 인가된 사람만이(기밀성) 손실되지 않은 상태에서(무결성) 필요할 때(가용성) 사용할 수 있어야 한다는 것이다. 정보 보안의 3대 요소를 지키기 위해 다양한 보안 대책을 실시해야 한다.

그림 7-1 정보 보안 3대 요소인 기밀성, 무결성, 가용성

다양한 서비스를 결합해 정보를 보호하는 AWS

AWS에 구축된 시스템과 데이터를 안전하게 관리하기 위해서는 어떻게 해야 할까?

온프레미스 환경이라면 데이터 센터와 계약한 뒤 할당받은 랙(Rack)에 자신의 서버를 설치한다. 데이터 센터에 마음대로 들어가 서버를 추가하거나 다른 사람의 서버에 함부로 접근하는 것은 불가능하다. 대부분의 데이터 센터는 물리적으로도 보안이 잘 돼있기 때문이다. 즉, 서버의 취약점을 이용하는 것이 아니라면 서버가 탈취되거나 문제가 발생할 가능성은 0에 가깝다.

AWS와 같은 클라우드 서비스라면 어떨까? AWS는 전체 권한을 가진 root 사용자 계정이 있다. 이 계정 정보가 노출되면 악의를 가진 사용자(해커)가 고사양 EC2 인스턴스를 만드는 등의 행위로 막대한 요금이 청구될 수 있으며, 악성 코드 배포지로 악용될 가능성도 있다. 따라서 root 사용자 계정은 처음 설정할 때만 사용하고 2FA를 설정해 보안을 강화해야 한다. 그리고 별도의 계정을 만들어 사용자별로 권한을 나누고 각 사용자도 반드시 2FA를 이용하도록 정책을 만들어야 한다.

AWS에서는 IAM이라는 서비스에서 이러한 설정(**인증, 인가**)을 관리할 수 있다. IAM에 대해서는 다음 섹션에서 자세히 설명한다.

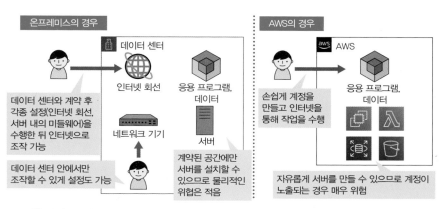

그림 7-2 보안을 강화하기 위해서는 AWS 계정의 권한을 관리하는 것이 중요

앞의 내용만 보면 AWS가 보안상 더 위험하다고 생각할 수도 있지만 AWS의 보안 서비스를 이용해 관리하면 온프레미스와 동등하거나 그 이상으로 안전하게 관리할 수 있다. 물리적인 서버에 대한 보안은 AWS가 직접 운영하는 데이터 센터에서 관리되므로 물리적인 문제는 사용자가 고려하지 않아도 된다.

AWS에는 보안 서비스와 기능이 많아서 초보자에게는 어려운 점이 있는 것도 사실이다. 이 장에서는 기본적으로 알아둬야 할 보안 서비스를 소개한다.

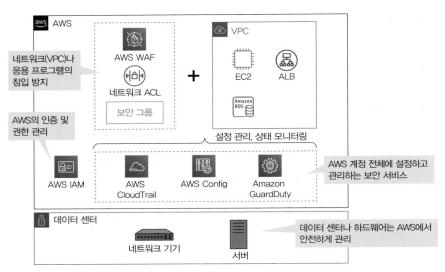

그림 7-3 AWS에서 제공하는 다양한 보안 관련 서비스

AWS를 안전하게 사용하기 위한 IAM

키워드 ■ AWS IAM ■ IAM 사용자 ■ IAM 그룹 ■ IAM 정책 ■ IAM 역할

AWS Identity and Access Management란

AWS Identity and Access Management(이후 IAM)는 AWS를 사용하는 계정의 권한을 관리하는 서비스다. AWS의 각종 서비스를 사용할 수 있는 사용자를 만들고 해당 사용자에게 '어떤 서비스의 어떤 기능을 사용할 수 있는지'와 같은 권한을 설정할 수 있다. 하지만 권한을 사용자가 아닌 서비스에 부여하거나 일시적으로 권한을 부여하는 등 간단한 권한 관리에 그치지 않는 것이 IAM의 특징이며 어려운 부분이다. AWS 서비스의 조작 제어는 모두 IAM으로 관리한다. 설정 내용은 복잡해지기 십상이지만 서비스의 개요를 이해한다면 대략적인 동작과 사용 방법을 파악할 수 있을 것이다.

IAM 사용자, IAM 그룹

사용자가 AWS를 조작하기 위해서 사용하는 것이 **IAM 사용자**다. 비밀번호 등의 인증 정보를 사용해 로그인(인증)하면 IAM 사용자에게 할당된 권한을 사용(인가)할 수 있다.

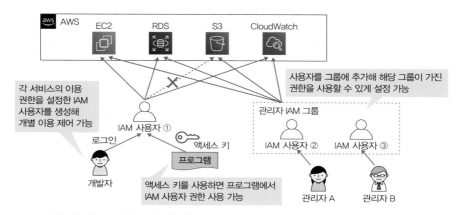

그림 7-4 IAM 사용자를 만들고 서비스 사용 권한 할당

IAM 사용자는 관리 콘솔에서 여러 조작을 할 수 있고 **액세스 키**라는 인증 정보를 발행해 프로그램이나 CLI에서 계정에 부여된 권한을 사용할 수 있다. **IAM 그룹**을 만들어 그룹에 권한을 설정하고 해당 그룹에 IAM 사용자를 추가하면 IAM 사용자는 해당 그룹에 설정된 권한을 사용할 수 있다. 여러 사용자가 동일한 권한을 갖도록 관리해야 할 때 유용하게 사용할 수 있다.

IAM 정책

AWS에서 '어떤 서비스의 기능에 어떤 조작을 할 수 있는지'와 같은 권한은 **IAM 정책**을 통해 설정할 수 있다. 여러 서비스에 대한 권한 설정을 하나로 묶어 이름을 붙여 정의할 수 있어서 동일한 권한을 설정해야 하는 경우 재사용이 가능하다. 또한 단일 IAM 사용자, IAM 그룹이나 IAM 역할에 여러 IAM 정책을 연결할 수 있다.

AWS는 수시로 새로운 서비스나 기능을 추가하기 때문에 사람이 매번 추가되는 기능에 권한을 설정하는 것은 어렵다. 그렇기 때문에 AWS에서는 **AWS 관리형 정책**을 제공한다. 관리형 정책에는 '모든 서비스 사용 가능', '모든 서비스 참조만 가능', 'S3의 모든 기능 사용 가능'과 같은 정책이 있으며 서비스나 기능이 추가될 때 자동으로 관련된 권한이 추가되기 때문에 편하게 사용할 수 있다.

하지만 보다 강력한 권한 설정을 원한다면 사용자가 직접 IAM 정책을 만들어야 한다. 사용자가 만든 IAM 정책을 **고객 관리형 정책**이라고 한다. AWS 서비스와 기능은 매우 많아 고객 관리형 정책의 설정이 어려울 수 있기 때문에 다음 그림과 같이 제어를 원하는 항목을 선택해 IAM 정책을 생성할 수 있는 기능을 제공한다.

▼ EC2   복제 | 제거

    ▶ 서비스   EC2

    ▼ 작업   EC2에서 허용되는 작업 지정 ⑦   권한 거부로 전환 ❶
      닫기
            Q 작업 필터링

            수동 작업 (작업 추가)
            ☐ 모든 EC2 작업(ec2:*)

            액세스 레벨   모두 확장 | 모두 축소
            ▶ ☐ 목록
            ▶ ☐ 읽기
            ▶ ☐ 태그 지정
            ▶ ☐ 쓰기
            ▶ ☐ 권한 관리

    리소스   리소스 적용 이전 작업 선택

    요청 조건   조건 지정 이전 작업 선택

                                                        ⊕ 권한 추가

그림 7-5 IAM 고객 관리형 정책 생성

IAM 역할

IAM 사용자를 생성할 때 **액세스 키**도 함께 생성할 수 있다. 액세스 키는 CLI로 AWS 자원을 조작하거나 프로그램을 통한 제어를 할 때 사용하는 인증 정보다. 가령 Lambda에서 EC2를 실행하는 조작을 해야 한다면 Lambda 프로그램에서 액세스 키를 이용해 AWS 계정의 권한을 위임받아 EC2를 실행한다. 하지만 액세스 키는 고정 문자열이며, AWS 계정과 동일한 권한을 가지고 있기 때문에 유출될 경우 보안 위협에 노출될 수 있다.

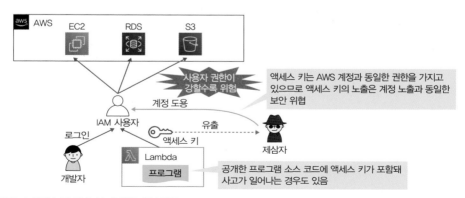

그림 7-6 액세스 키 정보가 노출됐을 때의 위협

따라서 AWS 서비스에 권한을 부여할 때는 **IAM 역할**을 사용하는 것이 좋다.

IAM 역할을 사용하면 일반적으로 조직의 AWS 리소스에 대한 액세스 권한이 없는 사용자나 서비스에 액세스 권한을 위임할 수 있다. IAM 사용자나 AWS 서비스는 AWS API 호출을 수행하는 데 사용할 수 있는 '임시 보안 자격 증명'을 획득할 수 있는 권한을 맡을 수 있다. AWS의 공식 IAM 역할 아이콘은 안전모 디자인이다. 필요할 때 '안전'을 위해 모자(권한)를 씌운다(부여한다)고 생각하면 이해하기 편할 것이다.

사용자에게 권한을 부여하는 것이 아니라 '서비스'에 해당 서비스를 사용할 수 있는 '사용자'를 지정하는 것이기 때문에 더 안전하게 서비스를 사용할 수 있다.

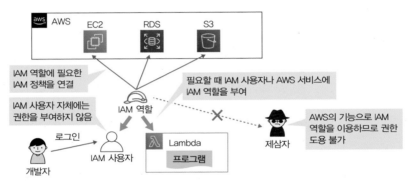

그림 7-7 필요할 때만 IAM 역할을 부여

AWS에서는 시스템을 구축할 때 구축하는 시스템별로 AWS 계정을 분리할 것을 권장하고 있다. 환경의 분리, 관리의 분리, 청구의 분리를 통해 계정을 더 안전하고 효율적으로 관리하기 위한 것이다.

각 AWS 계정에는 IAM 사용자로 로그인하는데, AWS 계정이 많아지면 IAM 사용자를 관리하기가 어려워진다. 따라서 각 AWS 계정에 사용자 역할별 IAM 역할만 생성하고 IAM 사용자가 필요한 때만 역할을 부여해 적절한 권한으로 작업할 수 있게 설정할 수 있다. 이를 **Role Switch(역할 변경)**라고 하며 이 기능을 이용해서 여러 AWS 계정에 존재하는 IAM 사용자 관리를 간단히 할 수 있다.

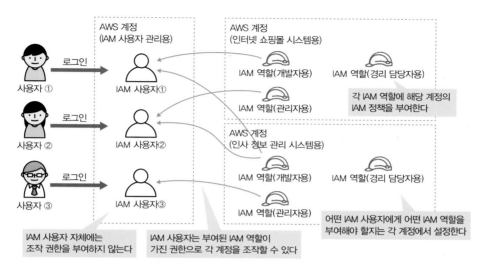

그림 7-8 시스템별 AWS 계정의 IAM 역할을 이용 시 할당

03 계정 내 작업 이력 기록

키워드 ■ AWS CloudTrail ■ Amazon CloudWatch Logs

AWS CloudTrail이란

AWS 사용 현황을 관리하는 데 있어서 '누가, 언제, 어느 곳에 무엇을 했는지'를 기록하는 것은 매우 중요하다. **AWS CloudTrail(이후 CloudTrail)**은 AWS 계정을 만들 때부터 자동으로 모든 작업을 기록하는 서비스다.

관리 콘솔이나 프로그램에서의 작업, AWS 서비스에서 수행한 모든 작업을 기록한다. 이 이력을 통해 AWS에서 누가 어떤 작업을 수행했는지 자세한 내용을 파악할 수 있어 사용자가 악의적인 조작을 하거나 프로그램 문제로 발생한 설정 변경 등을 조사할 수 있다.

로그는 기본적으로 90일 동안 저장되지만 설정에 따라 S3와 같이 별도의 스토리지에 파일로 저장해 그 이상 로그를 저장할 수도 있다. S3에 저장하는 로그 파일은 '**트레일(Trail)**'이라고 하며 암호화돼 보관된다. 또 보관된 로그의 변조를 막는 기능도 있어 문제가 발생했을 때 당시의 조작 기록을 증명하기 위한 중요한 기록으로 사용된다. CloudTrail은 AWS의 감시 카메라라고 할 수 있다.

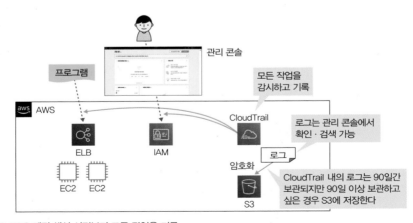

그림 7-9 AWS 계정 생성 시점부터 모든 작업을 기록

기록되는 내용

CloudTrail에 저장되는 내용은 관리 콘솔과 API를 통한 조작 이력이다. 이에 해당되지 않는 조작은 기록되지 않는다. 예를 들어 SSH 또는 원격 데스크톱으로 직접 EC2에 접속해 작업을 수행한다면 그 내용은 CloudTrail에 기록되지 않는다. 다음은 CloudTrail에 기록되는 조작 내용이다.

❶ 관리 이벤트

관리 콘솔에 로그인, EC2 인스턴스나 S3 버킷, Lambda 함수와 같은 AWS 자원의 생성, 수정, 삭제와 같은 조작

❷ 데이터 이벤트

S3 버킷 관련 작업(파일 생성, 편집, 삭제), Lambda 함수 실행과 같은 AWS 자원에 대한 조작

❸ 인사이트 이벤트

AWS 계정의 행동 탐지(평소와는 다른 조작)

(일반 CloudTrail 로그를 통해 사용 패턴을 학습하고 거기에서 벗어난 조작 패턴을 탐지)

기본으로 관리 이벤트(❶)만 기록하게 설정돼 있다. 데이터 이벤트(❷), 인사이트 이벤트(❸)를 저장하려면 설정을 변경해야 한다.

관리 이벤트는 CloudTrail에 저장된 90일간의 로그와 첫 번째 트레일 출력에 대해서는 요금이 발생하지 않는다. 두 번째 트레일 출력부터는 이벤트 수에 따라 요금이 발생한다. 서울 리전의 요금은 관리 이벤트 10만 건당 2.00USD다.

데이터 이벤트는 CloudTrail에 저장되지 않고 로그로 출력만 할 수 있다. 관리 이벤트와 마찬가지로 발생한 이벤트 수에 따라 요금이 발생하며 서울 리전에서는 이벤트 10만 건당 0.10USD다.

인사이트 이벤트는 탐지된 비정상적인 조작만 트레일로 출력된다. 분석된 이벤트 수에 따른 요금이 발생하며 서울 리전의 요금은 분석된 이벤트 10만 건당 0.35USD다.

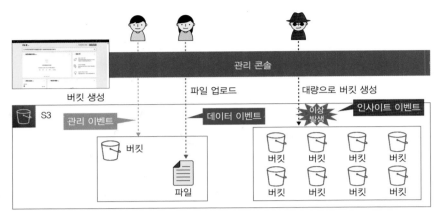

그림 7-10 기록되는 조작. 관리 이벤트 이외에는 설정이 필요

트레일 출력

CloudTrail은 로그를 트레일(Trail-추적)해 S3나 CloudWatch Logs로 출력할 수 있다. 두 서비스 모두 저장 비용이 발생하지만 출력된 로그를 무기한으로 저장할 수 있다.

S3에 저장하는 경우 파일 형태로 저장된다. 감시 카메라로 비유하면 촬영된 동영상 파일을 대용량 저장소에 저장하는 것이다. 작업 내역은 해당 파일 내용을 열람해서 확인할 수 있다. 저장된 파일이 악의적인 사용자에게 변조될 수도 있으므로 CloudTrail이 저장한 파일의 무결성 검사 파일(다이제스트 파일)을 출력할 수도 있다.

CloudWatch Logs에 저장하는 경우 '스트림' 형식으로 저장된다. 스트림이란 로그의 내용이 순차적으로 저장되는 것으로 감시 카메라로 비유한다면 촬영된 영상이 재생되는 상태다. 작업 기록을 확인할 때는 거의 실시간으로 전송되는[1] 스트림 내용을 확인하거나 과거에 기록된 스트림 내용을 CloudWatch Logs 관리 화면에서 검색한다. CloudWatch Logs에는 로그 내용을 확인하고 특정 문자열을 찾을 때 이벤트를 발생시키는 기능이 있다. 이 기능을 이용해 특정 조작이 발생했을 때 사용자에게 알림을 보낼 수도 있다.

---

1 (옮긴이) 작업 기록은 실시간으로 저장되지만 CloudTrail을 거쳐 전달되므로 약간의 시차가 발생한다.

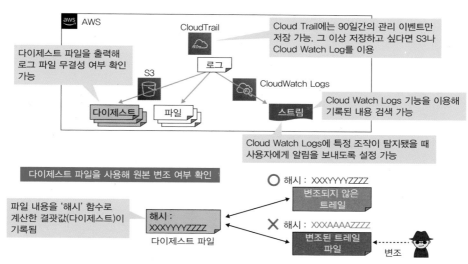

그림 7-11 로그를 90일 이상 보존

04 설정 내역 및 설정 내용을 자동으로 관리

설정 이력을 저장하는 AWS Config

AWS Config는 EC2 인스턴스나 보안 그룹과 같은 AWS 자원에 대한 구성 정보와 변경 이력을 남기는 서비스다. 관리 콘솔에서 AWS Config를 활성화하기만 하면 자동으로 AWS 자원의 구성 정보를 수집하고 이력을 관리할 수 있다. 기본적으로 7년 치의 정보를 저장한다.

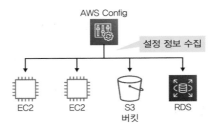

그림 7-12 AWS 자원의 구성 정보와 변경 이력을 기록

AWS Config에서는 다음 그림과 같이 규칙 준수 상태를 확인할 수 있다.

그림 7-13 AWS Config 규칙 준수 상태

CloudTrail은 계정의 활동 이력을 저장하지만 AWS Config는 AWS 자원의 설정 내용 기반으로 이력을 저장한다. 둘 다 중요한 이력 정보이므로 AWS 계정을 생성한 후에는 기본적으로 활성화해야 하는 서비스다.

이력 정보가 남아있으면 문제가 발생해도 이력을 확인해 대응할 수 있다. 특히 보안과 관련한 사고는 설정 변경으로 인해 발생하는 경우가 많아 보안 사고가 발생한 시점의 변경 이력을 확인하면 어떤 이유로 사고가 발생했는지도 특정할 수 있다.

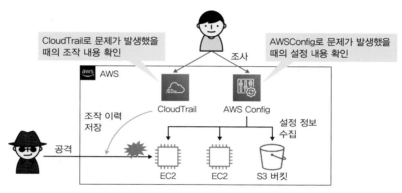

그림 7-14 CloudTrail과 AWS Config로 보안 사고 조사

'**고급 쿼리**'라는 기능을 이용해 특정 자원 수를 확인할 수도 있다. 다음은 고급 쿼리(SQL 문)를 이용해 인스턴스 종류별 EC2의 수를 확인하는 예다.

```
SELECT configuration.instanceType, COUNT(*)
WHERE resourceType = 'AWS::EC2::Instance'
GROUP BY configuration.instanceType
```

AWS Config 요금은 하나의 설정 항목당 0.003USD로 저렴하지만 자원 수가 늘어나면 사용료도 증가하므로 주의해야 한다. 특정 자원 유형을 지정해 이력 정보를 남기는 것도 가능하니 요금을 줄이고 싶다면 자원 유형을 지정해 필요한 자원에 대해서만 이력을 남기는 것도 좋은 방법이다.

설정을 확인하는 AWS Config 규칙

AWS Config 규칙을 이용하면 AWS의 각 설정이 규칙을 준수하는지 확인할 수 있다. 다음은 AWS Config 규칙을 이용해 설정을 확인하는 예다.

- EBS가 암호화되어 있는가
- CloudTrail이 사용 설정되어 있는가
- S3 버킷이 공개적으로 읽고 쓸 수 없는가
- 보안 그룹에 SSH 포트(22번)가 공개적으로 게시되지 않았는가

S3 버킷과 관련된 규칙이라면 AWS Config 규칙 화면에 AWS 계정이 소유한 S3 버킷 목록이 표시되고 각 규칙을 준수하고 있는지 표시된다.

그림 7-15 AWS Config 규칙 (S3)

AWS에서 제공하는 규칙을 AWS **관리형 규칙**이라고 한다. 그리고 사용자가 자신만의 규칙을 만들 수도 있는데, 이것을 **사용자 지정 규칙**이라고 한다. 처음에는 간단하게 사용할 수 있는 관리형 규칙을 사용하다가 자신만의 규칙을 만들어 최적화하는 것이 좋다.

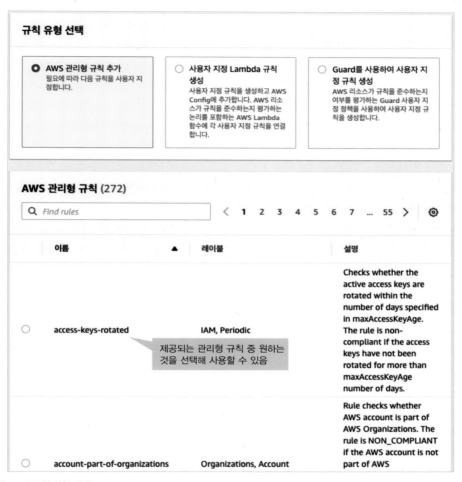

그림 7-16 규칙 유형 선택

AWS Config 규칙에서 미준수 자원이 발견됐을 때 **Amazon EventBridge**, **Amazon SNS** 같은 서비스를 결합해 사용자에게 메일로 알림을 발송할 수 있다. Amazon EventBridge, Amazon SNS에 대한 내용은 이 책에서는 다루지 않으므로 공식 문서를 참고하기 바란다[2].

---

2 EventBridge: https://docs.aws.amazon.com/ko_kr/eventbridge/latest/userguide/eb-create-rule.html
   SNS: https://docs.aws.amazon.com/ko_kr/AmazonCloudWatch/latest/monitoring/US_SetupSNS.html

그림 7-17 규칙 미준수 자원을 발견하면 메일로 알림 발송

미준수 리소스를 자동으로 수정하는 기능도 AWS Config 규칙에 존재한다. '자동 문제 해결' 기능을 사용해 새로운 규칙을 추가하거나 기존 규칙을 선택해 문제 해결 작업을 선택하면 대부분의 경우 자동으로 문제가 해결된다. 이 기능을 이용해 공개 상태로 설정된 S3 버킷을 일괄적으로 비공개 상태로 변경하는 등 AWS 내의 자원을 더욱 안전하고 편리하게 이용할 수 있다. 자동 수정은 **AWS Systems Manager**라고 하는 서비스의 Automation이라는 기능을 이용한다[3].

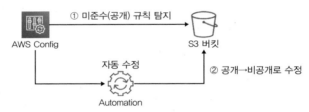

그림 7-18 규칙을 준수하지 않는 자원을 자동으로 수정

AWS Config 규칙은 설정 이력을 저장하는 AWS Config와는 별도로 요금이 발생한다. 설정한 규칙이 평가될 때마다 0.001USD가 청구된다[4]. 불필요한 규칙 평가는 이용 요금 상승의 원인이 되므로 규칙 평가를 하기 전에는 반드시 필요한 규칙인지 확인해야 한다.

---

3 https://docs.aws.amazon.com/systems-manager/latest/userguide/systems-manager-automation.html
4 서울 리전 첫 10만 건의 규칙 평가까지 0.001USD이며 그 이후부터는 저렴해진다.

05 AWS 작업 내용 감시

키워드 ▪ Amazon GuardDuty ▪ Amazon EventBridge ▪ Amazon SNS ▪ 샘플 이벤트

지능형 위협 탐지 서비스 Amazon GuardDuty

Amazon GuardDuty(이후 GuardDuty)는 AWS 계정 내의 모든 활동을 감시하는 위협 탐지 서비스다. 한 번의 클릭으로 서비스를 활성화하고 AWS 계정의 보안 상태를 즉시 분석할 수 있다. AWS 계정을 생성한 뒤 바로 서비스를 활성화하는 것이 좋다.

탐지 시스템은 AWS가 제공하므로 사용자는 탐지된 내용을 확인하고 대응하면 된다. 탐지되는 내용은 다음과 같이 계정 사용에 대한 내용뿐만 아니라 인스턴스의 이상 행위까지도 탐지한다.

탐지 내용 예

- 루트 사용자 사용
- IAM 액세스 키가 대량으로 사용됨
- EC2가 DDoS 공격(분산 서비스 거부 공격)을 위한 좀비 PC가 됐을 가능성

GuardDuty는 CloudTrail, VPC 흐름 로그 및 DNS Logs의 세 가지 정보를 기반으로 탐지를 수행한다. 여기에 포함되지 않는 EC2에서 실행되는 응용 프로그램이나 Lambda 함수에서 발생하는 위협 이벤트는 탐지할 수 없다.

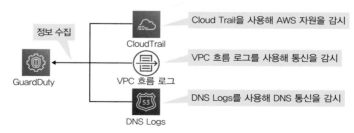

그림 7-19 GuardDuty의 구성. 3가지 서비스를 이용한다

기계 학습으로 이용 패턴을 학습해 루트 사용자로 로그인하는 행위를 탐지하거나 IAM 사용자가 평소와는 다른 사용 패턴으로 콘솔 조작을 하는 경우도 탐지할 수 있다.

GuardDuty를 활성화하면 위협 탐지 상태를 화면으로 바로 확인할 수 있다. 하지만 이것만으로는 실시간으로 탐지를 수행할 수 없다. 실시간으로 탐지를 수행해 알림을 발송하기 위해서는 AWS Config에서 소개한 것처럼 Amazon EventBridge와 Amazon SNS를 함께 이용해야 한다.

그림 7-20 위협을 탐지하면 메일로 알림

GuardDuty가 현재 어떤 이벤트를 탐지하는지, 어떤 동작을 하는지와 같은 구체적인 탐지 정보는 화면에 표시되지 않아 확인할 수 없다. 탐지 내용을 확인하고 싶다면 샘플 이벤트를 이용해야 한다. GuardDuty에는 탐지 내용을 확인하기 위한 **샘플 이벤트**를 제공하므로 이를 이용해 설정이 올바르게 됐는지 확인한다.

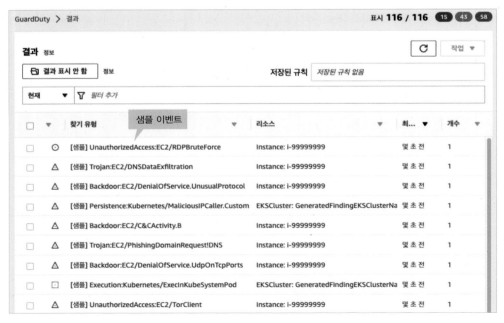

그림 7-21 샘플 이벤트를 이용해 동작 확인 가능

GuardDuty는 탐지에 사용되는 각 서비스에 대해 요금이 부과된다.[5]

항목	요금 (서울 리전)
CloudTrail 관리 이벤트	이벤트 1백만 건당 4.60USD
CloudTrail S3 데이터 이벤트[6]	이벤트 1백만 건당 0.90USD
VPC 흐름 로그, DNS 로그[7]	GB당 1.15USD

요금은 이벤트 수와 로그 발생량에 따라 다르지만 일반적으로 GuardDuty 요금이 높아져 문제가 되는 경우는 없다. 보안을 강화하기 위해 적극적으로 활용하기 바란다.

칼럼 **다중 AWS 계정 사용**

이 책에서는 AWS 계정을 1개 준비하고 그 계정 내에서 시스템을 구축하는 것을 전제로 설명하고 있다. 하지만 하나의 시스템이라도 상용 환경과 개발 환경을 분리하거나 마이크로 서비스로 구축하는 경우 여러 개의 계정이 필요할 수 있다.

이때 IAM의 권한이나 이용 요금은 기본적으로 계정별로 따로 취급된다. 예를 들어 C 서비스의 상용 서비스 환경을 A 계정에서 구축했고, 개발 환경을 B 계정에서 구축했다면 B 계정에서는 상용 서비스를 구축한 A 계정에 있는 자원에는 접근할 수 없으며 이용 요금도 계정별로 따로 계산돼 청구된다. 보안 설정도 마찬가지로 계정별로 설정해야 한다.

이때 AWS Organizations라는 서비스를 이용하면 보안 설정을 다른 계정에 일괄적으로 적용할 수 있다. AWS 계정을 만들 때 필요한 결제 정보를 입력하지 않아도 되므로[8] 큰 조직에서 AWS를 사용하는 경우라면 메일 주소만으로 편하게 새로운 계정을 추가할 수 있다. 여러 계정을 생성해 운영해야 한다면 AWS Organizations 사용을 검토해 보기 바란다.

5　Amazon GuardDuty 요금
　https://aws.amazon.com/ko/guardduty/pricing/
6　처음 500만 건까지의 요금. 500만 건 이상이 되면 저렴해진다.
7　처음 500GB까지의 요금. 그보다 커지면 1GB당 요금은 저렴해진다.
8　(옮긴이) 메일 주소와 임의의 AWS 계정 이름만 입력하면 계정을 생성할 수 있다. 단, 해당 계정을 삭제하거나 조직에서 빼기 위해서는 결제 정보를 반드시 입력해야 한다. 결제 정보가 없는 경우 해당 계정을 삭제하거나 조직에서 제거할 수 없다. 이때 반드시 제거할 계정의 루트 사용자로 로그인해 결제 정보를 입력해야 한다.

06 웹 응용 프로그램 보안 강화

웹 응용 프로그램을 보안 위협으로부터 보호

웹 시스템을 보안 위협으로부터 보호하는 도구 중 하나로 방화벽이 있다. 방화벽은 특정 IP로부터의 접속이나 서버의 특정 포트에 대한 접속을 허가하거나 막을 수 있다. 방화벽의 접속 제어 기능을 이용해 네트워크나 서버로의 침입을 막을 수 있다. 방화벽은 그 이름에서도 추측할 수 있듯이 화재(침입)로부터 시스템을 보호하는 역할을 한다. 방화벽은 기본적으로 인터넷과 서버 사이에 위치해 인터넷을 통해 서버로 전송되는 통신을 제어한다.

웹 방화벽(Web Application Firewall—WAF, 이후 WAF로 표기)은 네트워크 방화벽과는 달리 웹 응용 프로그램의 취약점에 대한 공격을 탐지하고 방어하는 역할을 한다. 네트워크 방화벽은 통신 경로에 대한 방어를 하는 데 반해 WAF는 요청에 포함된 공격 코드를 탐지해 방어한다.

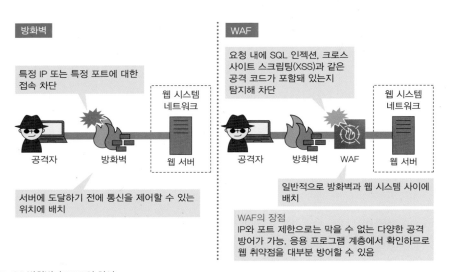

그림 7–22 방화벽과 WAF의 차이

간단하게 적용할 수 있는 AWS WAF

AWS WAF는 AWS가 제공하는 관리형 보안 서비스다. AWS WAF 출시로 AWS에 구축한 웹 시스템은 보다 쉽게 보안을 강화할 수 있게 됐다.

웹 접근 통제 목록(웹 ACL)이라는 자원으로 IP를 제한하거나 공격 코드를 탐지하는 등 요청에 대한 제어 규칙을 만들고 이를 보호할 AWS 서비스에 적용만 하면 바로 WAF 서비스를 사용할 수 있다. EC2나 ALB와 같이 AWS가 제공하는 여러 서비스에 적용할 수 있다. EC2에 구축한 웹 시스템이 아니라 ALB에 WAF를 적용하면 해당 ALB를 사용하는 모든 시스템을 보호할 수 있다. CDN 서비스인 CloudFront나 API Gateway, AWS AppSync에도 WAF 서비스를 적용할 수 있다.

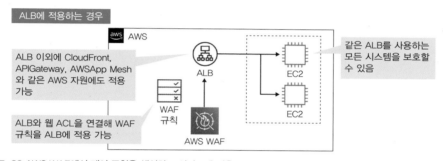

그림 7-23 AWS WAF에서 제어 규칙을 생성하고 서비스에 적용

AWS WAF는 관리형 서비스이므로 사용자는 WAF 규칙만 설정하면 된다. 또한 AWS 자원에 적용할 때도 간단한 설정 변경만으로 반영되므로 서비스에 적용하기도 쉽다.

WAF 규칙은 IP 제한이나 간단한 정규 표현식 필터링 외에도 AWS가 제공하는 관리형 규칙을 활용할 수 있다. 여기에는 SQL 인젝션 및 크로스 사이트 스크립팅과 같은 일반적인 공격 기술에 대한 WAF 규칙도 포함된다. 또한 AWS MarketPlace(마켓플레이스)에서 판매되는 타사 WAF 규칙도 사용할 수 있으므로 이를 사용해 더 유연하게 WAF 규칙을 설정할 수 있다.

사용하는 웹 ACL 및 규칙 수, 실제로 AWS WAF에서 처리한 요청 수에 따라 요금이 발생하기 때문에 요금 효율도 좋다.

일반적으로 ALB 또는 CloudFront와 같은 자원 1개에 대해 하나의 웹 ACL이 할당되므로 웹 시
스템에서 사용하는 하나의 ALB에 할당된 하나의 웹 ACL에 대해 월별 요금이 부과된다. 1개월
에 100만 건의 요청을 받는 시스템에 AWS 관리형 규칙 그룹 5개를 사용하는 경우의 요금은 다
음과 같다.

예) AWS 관리의 관리형 규칙 그룹을 5개 사용하는 경우(서울 리전, 100만 건의 요청)

웹 ACL 요금 = 1×5USD = 5USD
(월별 5.00USD(시간당 비례 할당))

규칙 요금 = 5×1USD = 5USD
(월별 1.00USD(시간당 비례 할당))

요청 요금 = 0.6USD
(요청 1백만 건당 0.60USD)

합계 = 5 + 5 + 0.6
     = 10.6 USD

웹 ACL, 규칙 요금은 사용 시간에 비례하므로
웹 시스템을 사용하지 않는 사용대가 있다면
이 금액보다 낮아질 수 있음

사용자 정의 규칙이나 마켓플레이스에
배포되는 관리형 규칙을 적용하는 경우
별도의 추가 요금이 발생

AWS가 제공하는 관리형 규칙 그룹에는 기본적인 공격을 방어할 수 있는 규칙이 준비돼 있다.
조금 더 복잡한 공격에 대한 방어를 하고자 하는 경우에는 서드파티 도구를 도입해야 하지만
AWS의 관리형 규칙만으로도 대부분 보안 위협에 대응할 수 있다.

07 시스템 보안을 강화하는 6가지 서비스

키워드 ▪ AWS Network Firewall ▪ Amazon Inspector ▪ AWS Shield ▪ AWS Security Hub
▪ Amazon Cognito ▪ AWS Directory Service

클라우드에 요구되는 보안

시스템을 클라우드에 구축할 때 보안 담당자 또는 시스템 담당자가 신경 쓰는 부분은 바로 보안이다. AWS 내에 만드는 EC2 인스턴스는 직접 보안 설정을 할 수 있지만 EC2가 실행되는 컨테이너나 데이터 센터의 물리적 보안에 대해서는 알 수 없다는 것이 그 이유 중 하나다. AWS에서는 이러한 우려를 불식시키기 위한 다양한 서비스를 제공한다.

AWS Network Firewall

AWS에 구축하는 시스템은 기본적으로 VPC 안에서 동작한다. VPC 접근 제어는 보안 그룹과 네트워크 ACL을 이용하는데, 보안 그룹은 허가만을 설정할 수 있고 네트워크 ACL은 허가/거부를 모두 지정할 수 있으며, 상태 비보존이라는 특징이 있어 일반적으로 이용하는 방화벽과는 성격이 다르다. 온프레미스 환경에서 방화벽을 사용해 접근 제어를 하는 시스템을 마이그레이션하는 경우 온프레미스 환경의 규칙을 변환해 보안 그룹과 네트워크 ACL에 설정하거나 AWS 마켓플레이스에서 제공하는 방화벽 제품을 EC2 인스턴스에 구축해야 한다.

AWS Network Firewall(이후 Network Firewall)은 2020년 11월 발표된 비교적 최신 서비스로 VPC를 통한 통신에 대한 방화벽 역할을 한다. 일반적인 방화벽과 같이 IP 주소와 포트 번호를 지정해 통신을 허가하거나 거부하는 것 외에도 도메인을 지정하거나 Suricata라는 오픈 소스 IPS(침입 방지 시스템) 호환 규칙도 사용할 수 있는 등 유연하게 통신을 제어할 수 있다. 대상 규칙을 상태 비보존/상태 보존 관계없이 적용할 수 있으며 단순히 통신을 허가하거나 거부하는 것뿐 아니라 통신을 허가하지만 알림을 발생시키는 형태로도 설정할 수 있어 다양한 형태로 이용할 수 있다. Network Firewall은 관리형 서비스이며 통신량에 따라 자동으로 처리량을 확장하기 때문에 가용성이 높다.

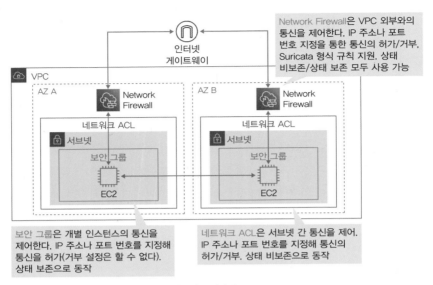

Network Firewall은 VPC 외부와의 통신을 제어한다. IP 주소나 포트 번호 지정을 통한 통신의 허가/거부, Suricata 형식 규칙 지원. 상태 비보존/상태 보존 모두 사용 가능

보안 그룹은 개별 인스턴스의 통신을 제어한다. IP 주소나 포트 번호를 지정해 통신을 허가(거부 설정은 할 수 없다). 상태 보존으로 동작

네트워크 ACL은 서브넷 간 통신을 제어. IP 주소나 포트 번호를 지정해 통신의 허가/거부. 상태 비보존으로 동작

그림 7-24 VPC 접근 제어에 사용되는 세 가지 서비스의 포지셔닝

Amazon Inspector

관리형 서비스를 충실히 제공해온 AWS에서 EC2는 이용자가 인스턴스의 취약점을 관리해야 하는 몇 안 되는 서비스다. 그만큼 EC2는 이용자에게 구성의 자유도가 높은 환경이므로 복잡한 시스템을 구성할 때 많이 쓰인다. 하지만 인스턴스 수가 많아지면 취약점 관리도 그만큼 힘들어진다.

Amazon Inspector(이후 Inspector)는 이런 취약점을 관리하기 위한 서비스다. Inspector는 평가를 위한 규칙을 기본으로 제공하며 평가 일정을 예약해 지정한 일시에 자동으로 취약점 평가를 수행할 수 있다.

소프트웨어의 버전 취약점을 확인하거나 AWS 모범 사례를 만족하는지 등을 확인해 보고서를 생성한다.

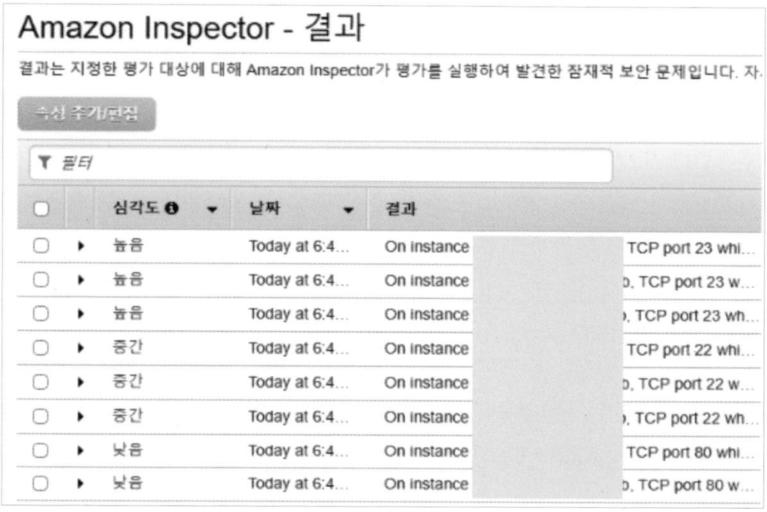

그림 7-25 자동으로 EC2 인스턴스의 취약성 평가를 실시

이렇게 평가된 내용을 확인하고 보안에 문제가 있다면 해당 부분에 대한 조치를 수행해 보안 위협을 완화할 수 있다. 소프트웨어의 버전 취약점과 같이 특정 처리를 자동으로 수행하는 AWS Systems Manager와 결합하면 보안 패치를 자동으로 수행할 수 있어 운영 비용을 더욱 절감할 수 있다.

AWS Shield

AWS Shield는 별도의 설정 없이 자동으로 적용되는 서비스다. 모든 AWS 이용자는 별도의 비용 없이 AWS Shield의 자동 보호를 받을 수 있다. AWS Shield는 가장 일반적이고 빈번하게 발생하며 웹 사이트 또는 응용 프로그램을 목표로 하는 **DDoS 공격**으로부터 보호한다.

DDoS란 Distributed Denial of Service(분산 서비스 거부 공격)의 약자로 인터넷에 있는 수많은 좀비 PC를 이용해 하나의 공격 대상에 대량의 트래픽을 보내거나 접속해 시스템이 정상 동작하지 못하게 하는 공격 방식이다. AWS 서비스 중 트래픽이나 서비스 이용량에 따라 요금이 발생하는 서비스에 DDoS 공격을 받으면 막대한 이용 요금을 지불해야 할 수도 있다. 최근에는 단순히 서비스를 정지시키는 것이 목적이 아닌, 경제적 손실을 목적으로 DDoS 공격을 하는 경우도 있다. 이런 공격은 **EDoS(Economic Denial of Sustainability)**로 구분하기도 한다.

AWS Shield에는 Standard와 Advanced라는 두 가지 플랜이 있는데 Standard는 무료이며 자동으로 활성화된다. Standard는 일반적인 DDoS 공격을 실시간으로 감지하고 자동으로 차단하지만 고도화된 DDoS 공격에 대응하기 위해서는 Advanced를 사용해야 한다. Advanced를 활성화하면 AWS DDoS 대응 전문 팀의 지원을 받을 수 있으며 대응도 맡길 수 있다[9]. Advanced 요금은 상당히 비싸기 때문에 공격받기 쉬운 대규모 서비스가 아니라면 거의 사용되지 않는다.

AWS Security Hub

AWS Security Hub(이후 Security Hub)는 전체 AWS 계정에 대해 보안 모범 사례를 확인하는 서비스다. PCI DSS(Payment Card Industry Data Security Standard)라는 신용카드 정보 보안의 국제 표준 기준과 CIS(Center for Internet Security)라는 단체가 정한 AWS 계정의 기본적인 보안 모범 사례인 CIS AWS Foundation Benchmark라는 기준을 준수하는지 확인할 수 있다. 그 외에도 그림 7-26과 같이 AWS가 제안하는 추천 설정을 만족하는지도 확인할 수 있다.

그림 7-26 AWS에서 권장하는 보안 설정이 돼 있는지 확인

---

9 (옮긴이) Advanced는 AWS 이용자라면 누구나 이용 가능하지만 전문 팀의 지원을 받기 위해서는 계정이 비즈니스 서포트 레벨 이상이어야 한다.

AWS Cognito

Amazon Cognito(이후 Cognito)는 웹 응용 프로그램이나 모바일 앱의 사용자 인증 및 권한 부여를 위한 서비스다. Cognito는 AWS에 구축한 시스템을 이용하는 '최종 사용자(End User)' 를 위한 것으로 AWS 관리 콘솔을 사용하는 이용자 인증 서비스인 IAM과는 다르다.

Cognito는 ID와 비밀번호를 이용한 인증 외에도 SMS나 OTP를 이용한 MFA(Multi Factor Authentication-다중 인증), 전화번호나 메일 주소의 유효성 확인, 비밀번호 분실 시 비밀번호 변경 기능 등도 제공한다.

인증된 사용자에게 권한을 부여하는 기능이 **권한 부여 기능**이다. Cognito는 인증된 사용자에게 IAM 역할 권한을 사용하게 할 수도 있다. Cognito가 사용자에게 권한을 부여할 때 Cognito의 기본 인증 방법 외에도 페이스북이나 트위터, 구글이 제공하는 인증 서비스를 사용할 수도 있다. 예를 들면 트위터 계정과 연동해 AWS에 구축한 시스템을 사용하게 하는 것도 가능하다.

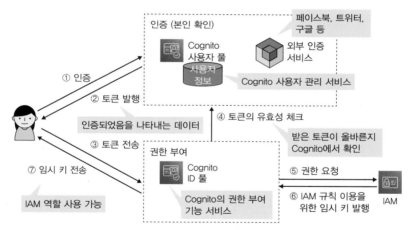

그림 7-27 Cognito로 AWS에 구축된 시스템의 사용자 인증 및 권한 부여를 수행

AWS Directory Service

어느 정도 규모가 있는 조직이라면 사용자 관리를 위해 마이크로소프트의 Active Directory 를 사용하는 경우가 많다. Active Directory에 조직 구성원을 등록해두면 사내 시스템 인증에 사용하거나 PC, 프린터 인증에 이용하는 등 내부의 정보 자산 이용을 위해 활용할 수 있다.

AWS Directory Service는 AWS가 제공하는 Active Directory 서비스다. AWS가 제공하는 Active Directory 서비스는 다음과 같다.

AWS Directory Service 종류

- AWS Managed Microsoft AD: AWS에 관리형 Active Directory를 구축

- Simple AD: Samba 4 Active Directory Compatible Server라는 Active Directory 호환 기능을 가진 리눅스 기반 서버를 관리형으로 제공

- AD Connector: 기존 Active Directory를 AWS 서비스에서 이용하기 위해 중계를 실시

AWS Directory Service를 사용하면 AWS에 Active Directory를 구축해 구성원 관리를 하거나 온프레미스에 구축한 Active Directory를 AWS로 마이그레이션할 수도 있다. 그 밖에도 Active Directory의 구성원을 IAM 역할과 연결할 수 있어 IAM에 사용자 추가를 하지 않고 Active Directory에 구성원을 추가해 AWS 서비스를 사용하게끔 설정할 수도 있다.

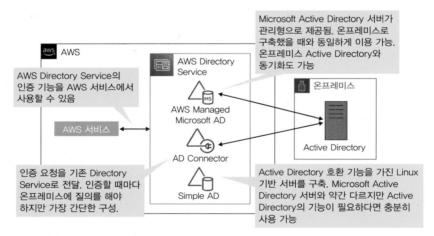

그림 7-28 AWS에서 Active Directory를 이용

Chapter 8

알아두면 좋은
기타 서비스

앞으로 AWS가 강점을 보일 수 있을 것으로 생각되는 데이터 분석과 기계 학습 관련 서비스, 시스템 운영을 하기 위해 필요한 관리 서비스에 대해 소개한다.

데이터 분석 서비스

수집한 데이터를 활용하는 서비스 6가지

키워드 ▪ 데이터 레이크 ▪ 데이터 웨어하우스 ▪ Amazon Athena ▪ AWS Glue ▪ Amazon OpenSearch Service
▪ Amazon EMR ▪ Amazon QuickSight ▪ Amazon Kinesis

데이터 분석이란

AWS 스토리지 서비스와 데이터베이스 서비스는 대량의 데이터를 고가용성으로 저장할 수 있다. 또한 대량의 데이터를 고속으로 처리하기 위한 서비스도 제공한다. 이러한 서비스로 수집한 데이터를 분석하고 유용한 정보를 얻는 것이 **데이터 분석 서비스**의 역할이다.

데이터 분석은 새로운 지식 발견과 의사 결정을 지원하기 위해 저장된 데이터에서 규칙성과 경향성을 찾는 것이다. 기계 학습과 혼동하는 경우도 있는데, 기계 학습은 앞으로의 데이터를 분석하고 예측하기 위해 기존 데이터를 '학습'시키는 것이고 데이터 분석은 기존 데이터를 '분석' 해 규칙과 경향을 찾아내는 것이다. 하지만 최근에는 데이터를 분석해 발견한 내용을 학습시키는 등 두 기술의 경계가 허물어지고 있다.

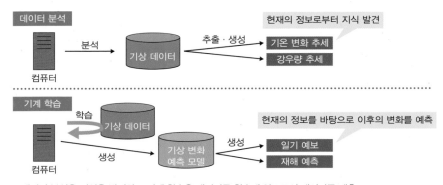

그림 8-1 데이터 분석은 지식을 발견하고 기계 학습은 데이터를 학습해 앞으로의 데이터를 예측

데이터 분석을 모르는 사람이라도 '빅데이터'라는 용어를 들어본 적이 있을 것이다. 빅데이터(Big Data)는 그 이름에서도 알 수 있듯이 커다란 데이터를 의미한다. 페타바이트(1PB:1000TB:100,000GB) 단위의 데이터를 보통 빅데이터라고 표현한다. 데이터 분석에는

이런 데이터를 분석하는 빅데이터 분석이나 실시간으로 전달되는 데이터를 즉시 분석하는 실시간 분석, 데이터를 가공해 보기 좋게 시각화하는 것 등 데이터 분석에도 다양한 종류가 있다.

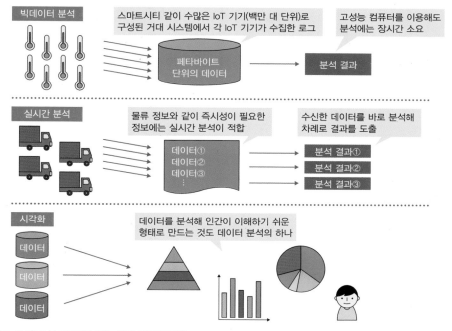

그림 8-2 비즈니스에서 활용되는 각종 데이터 분석

데이터 저장

분석에 사용할 데이터를 담아두는 장소를 **데이터 레이크**라고 한다. 일반적으로 데이터 분석에서는 수집한 데이터를 원시 상태(Raw Data)로 저장하고 분석할 때 원시 데이터를 가공해서 분석을 수행한다. 따라서 데이터 레이크는 대용량 저장이 가능하며 이용 요금이 저렴한 서비스를 사용하는 것이 좋다. AWS에서는 기본적으로 S3를 이용한다.

원시 데이터를 그대로 분석하는 경우도 있지만 일반적으로 분석 방법에 적합한 형식으로 가공해 데이터베이스에 저장해 사용한다. 가공이 끝난 데이터를 저장해 두는 장소를 **데이터 웨어하우스(Data Warehouse)**라고 한다. 데이터 웨어하우스에는 집계 처리가 뛰어난 데이터베이스인 Redshift를 이용하는 경우가 많다.

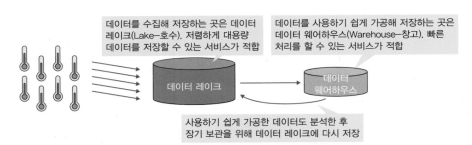

그림 8-3 원시 데이터와 가공 데이터를 저장

Amazon Athena

Amazon Athena(이후 Athena)는 표준 SQL을 사용해 S3에 저장된 데이터를 간편하게 분석할 수 있는 대화식 쿼리 서비스다. Athena는 서버리스 서비스로 인프라 관리가 필요 없이 실행한 쿼리에 대해서만 비용이 발생한다. Athena 사용은 간단하다. S3에 저장된 파일의 데이터 구조를 스키마로 정의하고 Athena에 등록하기만 하면 된다. 시스템 로그와 같이 파일 내의 데이터 형식이 정해져 있는 경우라면 별도의 데이터 가공 없이 바로 사용할 수 있다.

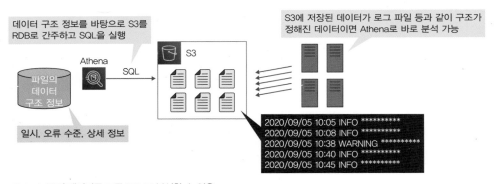

그림 8-4 S3의 데이터를 표준 SQL로 분석할 수 있음

AWS Glue

데이터를 분석할 때는 데이터 레이크에서 데이터를 꺼내 데이터 분석에 이용하기 쉬운 형태로 변환하거나 데이터 웨어하우스로 마이그레이션한 뒤 이용하는 경우가 많다. **AWS Glue(이후 Glue)**는 이러한 ETL 처리(Extract, Transform, Load)를 간단히 자동화하는 서비스다.

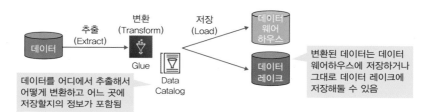

그림 8-5 데이터 추출, 변환, 저장을 자동화

Amazon OpenSearch Service

Amazon OpenSearch Service는 AWS 클라우드에서 OpenSearch 클러스터를 쉽게 사용할 수 있게 해주는 서비스다. OpenSearch는 오픈 소스 소프트웨어인 Elasticsearch를 기반으로 만들어진 데이터 분석용 엔진으로 전체 텍스트 검색에 특히 강한 성능을 보인다. 데이터를 시각화해서 보여주는 OpenSearch Dashboard를 제공해 웹 환경에서 데이터의 검색, 집계하거나 결과를 바로 그래프로 표시할 수도 있다.

그림 8-6 데이터의 전체 텍스트 검색 및 그래프화

Amazon EMR

빅데이터 분석은 분석해야 할 데이터가 방대해 한 대의 컴퓨터로 처리할 수 없다. 이를 위해 Apache Spark, Apache Hadoop 같은 **분산 처리 프레임워크**가 등장했다. **Amazon EMR**은 이러한 분산 처리 프레임워크를 AWS에서 실행하기 위한 서비스다.

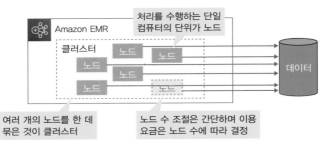

그림 8-7 빅데이터 분석을 위한 분산 처리 프레임워크

Amazon QuickSight

Amazon QuickSight는 등록된 데이터를 분석하고 그래프화하는 등 데이터를 시각화하는 서비스다. 단순히 데이터를 시각화할 뿐 아니라 기계 학습을 통해 데이터의 특징을 발견하거나 추이를 예상하는 기능도 제공한다. 이용자가 자연어로 사람에게 말하듯이 질문하면 QuickSight 는 답변과 함께 시각화된 결과를 제공한다.

자연 언어 질의는 2022년 9월 현재 영어로만 지원된다.

Amazon Kinesis

실시간 데이터 분석을 위해서는 전송된 원본 데이터를 신속하게 처리할 수 있게 정리해야 한다. **Amazon Kinesis**는 실시간으로 데이터를 처리하기 위한 4가지 서비스를 제공한다. 이를 Kinesis Family라고 한다.

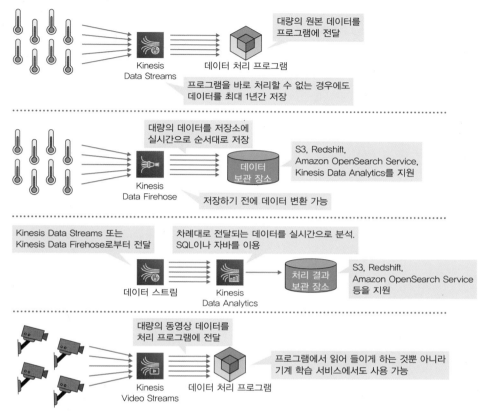

대량의 원본 데이터를
프로그램에 전달

Kinesis
Data Streams

데이터 처리 프로그램

프로그램을 바로 처리할 수 없는 경우에도
데이터를 최대 1년간 저장

대량의 데이터를 저장소에
실시간으로 순서대로 저장

Kinesis
Data Firehose

데이터
보관 장소

S3, Redshift,
Amazon OpenSearch Service,
Kinesis Data Analytics를 지원

저장하기 전에 데이터 변환 가능

Kinesis Data Streams 또는
Kinesis Data Firehose로부터 전달

차례대로 전달되는 데이터를 실시간으로 분석.
SQL이나 자바를 이용

데이터 스트림

Kinesis
Data Analytics

처리 결과
보관 장소

S3, Redshift,
Amazon OpenSearch Service
등을 지원

대량의 동영상 데이터를
처리 프로그램에 전달

Kinesis
Video Streams

데이터 처리 프로그램

프로그램에서 읽어 들이게 하는 것뿐 아니라
기계 학습 서비스에서도 사용 가능

그림 8-8 Amazon Kinesis에서 실시간 데이터 처리를 수행

02 손쉽게 시작하는 기계 학습

기계 학습이란

기계 학습은 이름에서 추측할 수 있듯이 기계, 즉 컴퓨터를 인간처럼 학습시키는 것을 말한다. 컴퓨터가 대량의 데이터를 가지고 학습해 스스로 규칙을 찾아내고 만들어 명시적 지시가 없이도 작업을 처리할 수 있게 한다. 간단히 말하면 데이터 패턴을 분석하고 그 안에서 규칙성을 찾는 것이다. 기계 학습은 크게 세 가지 방법으로 나눌 수 있다.

▪ **지도 학습(Supervised Learning)**

정답지를 가지고 하는 학습이다. 컴퓨터가 인간과 동일하게 판단할 수 있게 하는 방법으로, 데이터를 정답에 매핑하는 모델을 만들어 학습시킨다. 원본 데이터와 분석한 데이터를 서로 비교해 오류를 줄여나가며 정답률을 높인다. 지난 데이터를 바탕으로 앞으로 입력될 데이터를 분석한다. 주로 문자 인식, 불량품 판별, 기상 예측 등에 쓰인다.

▪ **비지도 학습(Unsupervised Learning)**

명확한 정답이 없는 다수의 데이터를 사용해 학습하는 방법이다. 비슷한 특징을 가진 데이터를 그룹화해 새로운 데이터에 대한 결과를 예측하는 형태로 학습한다. 정답이 없으므로 지도 학습보다 학습 난이도가 높다. 유튜브의 추천 동영상 같은 기능이 비지도 학습의 대표적인 예다. A라는 동영상을 본 사람이 그 후 시청한 동영상이 B인 경우가 많았다면 이런 경향성을 파악해 다른 사용자에게 비슷한 형태의 동영상을 추천하는 것이다.

▪ **강화 학습(Reinforcement Learning)**

지도 학습이나 비지도 학습과는 다른 개념이다. 강화 학습에는 정답이 없으며 보상이라는 개념을 통해 학습을 수행한다. 특정 상황에서의 행동에 상 또는 벌을 주게 해서 상을 최대화하고 벌을 최소화하게끔 학습한다. 알파고가 이런 방식으로 학습됐다. 최근에는 모든 상황을 계산하는 것보다는 신경망(Neural Network)을 이용해 근삿값을 구해 복잡한 문제를 해결한다[1].

---

1 (옮긴이) 그네 타기 강화 학습, https://www.youtube.com/watch?v=Yr_nRnqeDp0

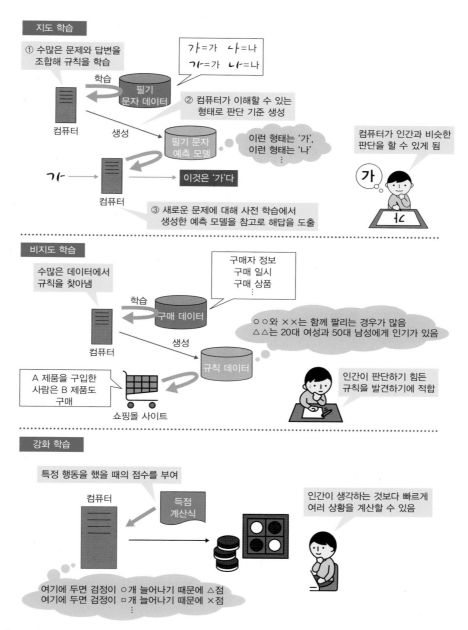

그림 8-9 기계 학습 형태

기계 학습의 하위 개념으로 **딥러닝(Deep Learning-심층 학습)**이라는 기술이 있다. 딥러닝은 학습 과정을 컴퓨터가 여러 번 수행해 자율적으로 학습의 정확성을 높이는 방법이다.

기계 학습은 대량의 데이터를 이용해야 하며 복잡한 계산을 빠르게 실행할 수 있는 컴퓨팅 파워도 필요해 진입 장벽이 높다. AWS에서는 기계 학습을 위한 다양한 서비스를 제공해 누구나 쉽게 기계 학습을 이용해 볼 수 있다.

Amazon SageMaker

Amazon SageMaker(이후 SageMaker)는 기계 학습을 위한 환경을 제공하는 서비스다. 데이터의 수집이나 학습에 사용할 수 있는 형식으로 변환, 지도 학습 데이터의 준비, 학습 실행, 학습 결과를 실 운용 환경에 반영하는 것까지 기계 학습과 관련된 일련의 작업을 수행할 수 있다. 그 밖에도 기계 학습에 사용되는 다양한 알고리즘 중 유명한 것을 컨테이너 이미지로 구축해 제공하기도 한다.

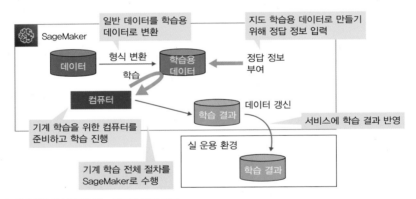

그림 8-10 기계 학습에 필요한 기능 세트가 함께 제공

기타 기계 학습 서비스

AWS는 SageMaker 외에도 사용자에게 목적별 기계 학습 서비스를 제공한다. 입력한 데이터로부터 미래의 데이터를 예측하거나 온라인 피싱 탐지, 제품 결함 검출, 프로그램의 소스 코드 확인과 같이 다양한 곳에 기계 학습을 사용할 수 있다.

표 8-1 음성, 사진, 영상 등을 다루는 기계 학습 서비스

서비스 이름	설명
Amazon Lex	Amazon Alexa에서 사용하는 딥러닝 기술과 같은 기술을 사용한다. 음성 및 텍스트를 사용해 대화형 인터페이스를 구축할 수 있다.
Amazon Polly	딥러닝을 적용한 TTS(Text To Speech–문자열을 음성으로 변환). 자연스럽게 들리도록 음성을 합성한다.
Amazon Transcribe	딥러닝을 적용한 STT(Speech To Text–음성을 문자열로 변환. 음성 인식)로 다양한 음성 데이터를 학습해 음성을 빠르고 정확하게 텍스트로 변환할 수 있다.
Amazon Translate	딥러닝을 이용한 번역 서비스
Amazon Rekognition	사진이나 영상으로부터 얼굴 검색과 같이 특정 내용을 검출해낼 수 있다. 지정한 물체의 검출 이외에도 해당 사진이 폭력이나 성적인 것 등 부적절한 내용인지 검출할 수도 있다.

03 시스템 자체를 관리하는 서비스 4가지

시스템 관리란

서비스가 존재하는 이상 서비스를 안정적으로 제공하기 위한 시스템 관리는 계속해야 한다. 응용 프로그램에 문제가 발생했을 때의 대응, 제로 데이 취약점이 발견됐을 때의 긴급 시스템 패치, 정기적인 OS 및 미들웨어의 버전 업그레이드, 새로운 기능 추가와 같이 정기적 또는 비정기적으로 시스템을 변경해야 할 일이 발생한다. 시스템에 대한 작업 외에도 시스템이 문제없이 동작하는지, 보안 위협은 발생하지 않고 있는지 감시하기도 한다. 이런 모든 행위를 **시스템 관리 (운영 관리)**라고 한다.

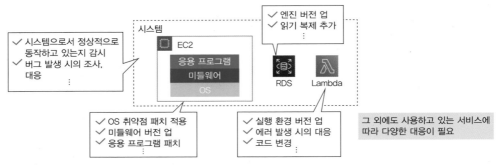

그림 8-11 정상적으로 작동하는지 모니터링하고 문제가 있는 소프트웨어를 업데이트

AWS CloudFormation

AWS CloudFormation(이후 CloudFormation)은 AWS 자원을 JSON 또는 YAML 형식 파일(템플릿)로 관리하고 구축하는 서비스다.

관리 콘솔에서 클릭 몇 번으로 할 수 있는 일을 별도의 파일로 만들어서 따로 관리하는 것은 업무를 복잡하게 하는 것처럼 보일 수 있지만 템플릿으로 만들어두면 이후 동일한 시스템을 구축하거나 문제가 발생했을 때 쉽게 되돌릴 수 있다는 장점이 있다. 즉, 재현성이 높다. 이처럼 AWS 구성을 템플릿화하는 것은 시스템 관리를 쉽게 하는 방법 중 하나다.

CloudFormation에서 생성한 AWS 자원은 관리 콘솔로 생성한 자원과 동일하므로 수동으로 설정을 변경할 수도 있다. 이 경우 템플릿과 만들어진 자원에 차이가 발생하기 때문에 템플릿과 만들어진 자원에 차이(드리프트)가 발생하지 않았는지 확인하는 기능도 있다.

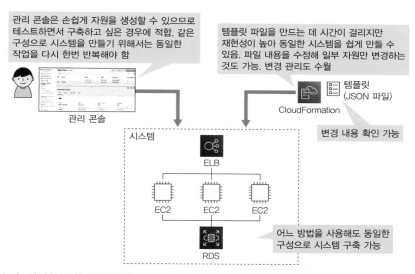

그림 8-12 시스템 자원 구성을 템플릿화한다

Amazon CloudWatch

Amazon CloudWatch(이후 CloudWatch)는 AWS 서비스의 지표, 로그를 모니터링하고 시각화하는 서비스다.

지표(Metric)는 AWS 서비스로부터 등록된 데이터의 집합으로 EC2나 RDS 인스턴스의 CPU 사용률이나 메모리 사용률, S3 접속 수와 같이 각 서비스의 동작 상태 정보가 포함된다. 이 데이터는 서비스를 사용하면 자동으로 등록된다.

아무것도 설정하지 않아도 자동으로 등록되는 지표를 **표준 지표**라고 한다. 지표에는 CloudWatch 에이전트라는 소프트웨어나 API를 활용해 자체 데이터를 등록할 수도 있다. 자체 등록된 지표를 **맞춤형 지표**라고 하며 표준 지표와 마찬가지로 CloudWatch에서 시각화할 수 있다.

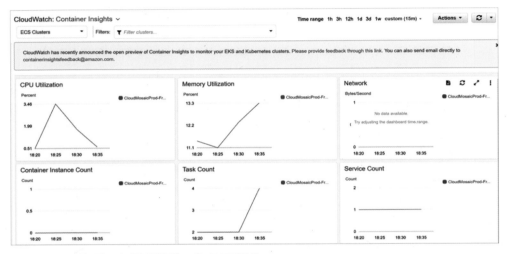

그림 8-13 EC2 인스턴스의 자원 사용률을 그래프로 표시한 예

CloudWatch에는 **알림** 기능이 있으며 특정 지표의 값이 지정된 임곗값을 초과할 때 사용자에게 알리거나 지정된 작업을 수행할 수 있다. 알림 설정을 이용해 시스템에 이상이 발생했을 때 관리자에게 알림 메일을 보내거나 자동으로 문제를 해결하게 설정할 수도 있다[2].

로그를 감시하는 기능은 CloudWatch Logs라는 기능이다. 로그를 **CloudWatch Logs**로 전송해 관리 콘솔에서 로그 내용을 확인할 수 있으며 특정 문자열이 포함된 로그가 출력되면 지정된 동작을 할 수 있다. AWS 서비스가 출력하는 로그를 등록할 수 있으며 API나 CloudWatch 에이전트를 이용해 다른 시스템의 로그도 등록할 수 있다.

---

2   (옮긴이) 예를 들어 CPU 사용률이 급격히 높아지는 경우 인스턴스를 스케일아웃 하는 방식으로 시스템 과부하를 해결할 수 있다.

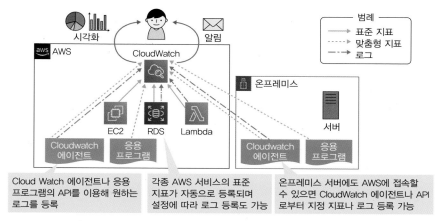

그림 8-14 서비스의 작동 상태를 시각화하거나 임곗값을 초과하면 알림

AWS Systems Manager

AWS Systems Manager(이후 Systems Manager)는 EC2를 관리하는 서비스다[3]. Systems Manager는 리눅스 및 윈도우 서버를 관리하는 기능을 가진 서비스로 AWS와 통신할 수 있는 환경이라면 온프레미스 서버도 관리할 수 있다.

주요 기능은 다음 표와 같으며 일부 기능은 서버에 SSM 에이전트를 설치해야 한다. 많은 수의 서버를 일괄적으로 조작해야 하거나 상태를 확인해야 할 때 필요한 편리한 기능을 갖추고 있다.

표 8-2 Systems Manager에서 제공하는 주요 기능

기능 이름	개요
Session Manager	보안 그룹의 통신 권한 설정 없이 관리 대상 서버에 로그인할 수 있는 기능. EC2 인스턴스는 인터넷에 접속되어 있지 않은 상태(프라이빗 서브넷만 설정된 상태)라도 로그인 가능. 작업 로그를 저장할 수 있다.
Inventory	관리 대상 서버에 설치된 소프트웨어의 목록을 표시한다. 버전이나 설치한 날짜도 확인할 수 있어 서버에 설치된 구버전 소프트웨어를 쉽게 찾아낼 수 있다.

---

3 Amazon EC2 Simple Systems Manager에서 이름이 변경됐다. 줄여서 SSM으로 불렸으며, 이름이 바뀐 현재도 SSM으로 표기한다.

기능 이름	개요
Patch Manager	OS나 미들웨어 패치 적용을 관리하는 기능. 중요도에 따라 패치를 적용할지 설정할 수 있으며 적용 시점(패치 발표 후 7일 후 등)도 지정할 수 있어 패치 관리를 편하게 할 수 있다.
Parameter Store	시스템 환경 변수로 사용할 수 있는 정보를 저장하는 기능. 데이터베이스 접속 문자열 등을 이곳에 저장해 소스 코드에 인증 정보를 넣지 않아도 이 정보를 이용해 데이터베이스에 접속할 수 있다. 다른 서비스에서도 사용할 수 있으므로 시스템적인 기밀 정보를 공유할 때 유용하게 사용할 수 있다. 최대 8KB의 문자열을 저장할 수 있으며 기밀성이 높은 데이터는 암호화해 저장할 수도 있다.
Documents	Run Command, Automation 및 State Manager에서 실행하기 위한 조작 내용을 저장하는 기능. 사용자가 직접 작성하는 것 외에도 AWS에서 제공하는 것을 사용할 수 있다.
Run Command, Automation, State Manager	Documents에 지정된 작업을 수행하는 기능. 단순히 하나의 Document를 실행하는 RunCommand, 복수의 Document를 차례대로 실행하는 Automation, 정기적으로 Document를 실행하는 것으로 서버 상태를 일정한 상태로 유지하는 StateManager 등 용도별 서비스를 제공한다.

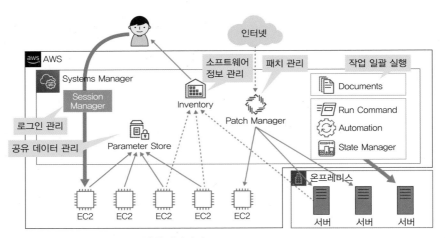

그림 8-15 AWS Systems Manager를 이용한 서버 관리

Amazon Code 시리즈

Amazon Code 시리즈는 응용 프로그램의 소스 코드를 관리하는 서비스 그룹이다. 소스 코드를 관리하는 Git 리포지토리 서비스인 CodeCommit, 소스 코드를 빌드하거나 테스트하는 Code Build, 빌드한 응용 프로그램을 배포하는 CodeDeploy, 소스 코드 업데이트에서 빌드, 배포까지의 흐름을 관리하는 CodePipeline 서비스가 있다. 그리고 이 모든 것을 템플릿을 통해 일괄 구축할 수 있는 CodeStar 서비스를 제공한다.

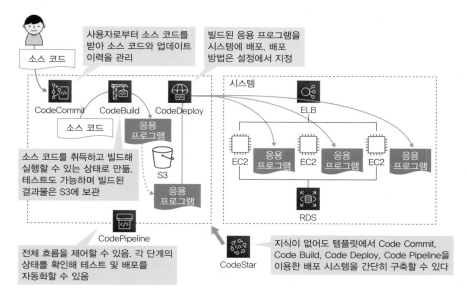

그림 8-16 소스 코드를 관리하는 서비스 그룹

효율적인 관리 서비스 이용

AWS에서 대량의 서버를 사용해 시스템을 구축하거나 일시적으로 서버를 사용하는 것이 쉬워졌다. 최근의 서비스는 빠르게 변화하며 업데이트 빈도도 높다. 사용자는 언제나 새로운 기능을 원하고 서비스 제공자는 이를 만족시키기 위해 언제나 새로운 기능을 제공한다. 하지만 이런 요구를 만족하기 위해서는 관리해야 할 시스템과 작업 빈도가 증가한다. 이는 운영의 부담으로 다가올 수 있다. 이런 부담을 줄이기 위해서는 관리 서비스를 적절히 이용해 운영의 효율성을 높여야 한다.

칼럼 AWS 이용 요금에 대한 이해를 높이자

AWS 이용 요금은 무엇에 대해 발생하는가?

AWS 계정을 직접 만들고 사용하려고 할 때 가장 불안한 것이 '얼마의 비용이 발생하는가'일 것이다. AWS는 사용한 만큼의 비용이 드는 종량 과금제지만 서비스에 따라 요금이 부과되는 방식이 다르다. 그러나 기본적인 과금 규칙은 있으므로 어떤 상황에 요금이 발생하는지 알아두면 불안감을 어느 정도 해소할 수 있을 것이다.

각 서비스의 요금 체계는 여기서 소개한 사례 외에도 다양하게 존재한다.

자원 확보

AWS 자원(CPU, 메모리, 디스크 공간)을 사용자가 독점하고 있는 시간만큼 요금이 발생한다. 즉, EC2 및 RDS와 같이 자원 양을 지정해 인스턴스를 만드는 서비스는 인스턴스가 실행되는 동안 실제로 사용하지 않아도 이용 요금이 계속 발생한다. 이러한 서비스를 운용하는 경우 사용하지 않는 시간에는 인스턴스를 정지해 자원을 사용하지 않으면 이용 요금을 줄일 수 있다.

반면 Lambda 및 Fargate와 같은 서버리스 서비스의 경우 실제 사용(요청 처리)이 될 때 자원을 확보한다. 자원을 확보하고 있던 시간만큼만 요금이 발생하기 때문에 실제로 요청 처리를 하지 않는다면 요금은 부과되지 않는다.

데이터 저장

AWS에 저장된 데이터에 대해서도 이용료가 발생한다. AWS의 스토리지는 미리 저장할 수 있는 용량을 확보해 두는 유형과 데이터양에 따라 자동으로 용량이 확보되는 유형 2가지가 있다. EBS나 Aurora 이외의 RDS 스토리지는 확보된 영역의 크기에 대해 이용료가 부과된다. 예를 들어 100GB 용량을 확보해 1GB의 데이터만 저장해도 100GB의 요금이 발생한다.

데이터라고 하는 것은 기본적으로 시스템을 운영할수록 증가한다. 오래되고 더 이상 필요하지 않은 데이터를 삭제하는 것만으로도 비용을 절약할 수 있지만 데이터 삭제가 곤란한 경우 데이터 저장 위치를 변경하는 것도 이용료를 절약하는 데 효과적이다. 특히 S3는 저렴한 스토리지이므로 데이터 분석 등을 위한 대량의 데이터를 S3에 저장해두고 필요한 만큼만 분석 서비스로 데이터를 옮겨 사용하는 방법이 권장된다.

백업에도 저장 비용이 부과된다. 백업 데이터도 용량당 요금이 발생하므로 낡은 백업 데이터를 삭제하지 않고 새로운 백업을 계속 취득하면 큰 비용이 발생할 수 있으므로 주의가 필요하다.

처리량

Route 53, CloudFront와 같은 네트워크 및 콘텐츠 전송 서비스는 요청 처리 수와 처리된 데이터만큼 요금이 부과된다. CloudTrail이나 Config와 같은 보안 및 관리 서비스도 처리된 이벤트 수, 수행한 검사 수에 따라 요금이 부과된다. 컴퓨팅 서비스 및 스토리지 서비스와 같은 AWS 자원을 일정 시간 확보하고 작동하는 유형이 아닌 서비스는 대부분 이런 형태로 요금이 발생한다.

요청에 따라 동작하는 Lambda나 S3와 같은 서비스에는 이 요금 체계가 함께 사용된다.

데이터 전송

AWS를 사용할 때 쉽게 간과하는 것이 전송에 드는 비용이다. Site to Site VPN이나 Direct Connect와 같은 네트워크 서비스는 물론 EC2와 S3이 인터넷과 통신할 때(Outbound), AZ나 리전을 통한 통신, VPC 피어링 통신에 대해서도 요금이 부과된다. 인터넷에서 서비스로 접속하는 통신(Inbound)이나 같은 AZ에서 발생하는 통신에 대해서는 요금이 부과되지 않는다.

대량의 데이터를 인터넷에 전달하는 시스템에서는 요금이 예상 외로 높아질 수 있으므로 주의해야 한다.

기본 사용 무료

AWS에는 테스트 목적으로 서비스를 사용하려는 경우를 고려한 무료 티어가 있다. 크게 3가지 종류가 있으며, AWS 계정을 생성한 후 12개월만 사용할 수 있는 것, 대상 서비스를 처음 사용할 때부터 일정 기간 무료로 사용할 수 있는 것, 일정 사용량까지 무료인 것이 있다.

예를 들어 EC2는 계정을 만들고 나서 12개월 동안은 t2.micro 또는 t3.micro 리눅스 인스턴스를 매월 750시간만큼 무료로 사용할 수 있다. 즉, 1년간은 대상 EC2 인스턴스를 무료로 사용할 수 있다. EBS 이용료나 데이터 전송에 대한 비용은 발생하기 때문에 완전히 무료라고는 할 수 없지만 이처럼 AWS에 적응하기 위해 부담 없이 이용할 수 있는 시스템이 마련돼 있다.

AWS를 더 깊이 이해하려면 서비스를 실제로 사용해보는 것이 중요하다. 다양한 서비스를 무료로 사용해볼 수 있으므로 무료 서비스를 확인해 이용해 보기 바란다(https://aws.amazon.com/ko/free/).

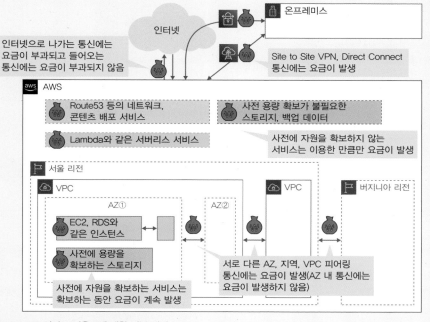

그림 8-17 AWS 서비스 이용료에 대한 기본 개념